# Schluss mit 9to5

Impressum

1. Auflage April 2021

www.janainavonmoos.com
www.thedigitalacademy.ch/

Texte: Janaina von Moos, Anita Aichner
Layout: www.buecherklinik.de
Lektorat, Korrektorat: Denise Schäricke
Covergestaltung: Christine Bukenberger
Bestsellerstrategie & Marketing Amazon: www.ursulahunke.de
Weitere Mitwirkende: Anna Katharina Idl

Verlag und Druck: Unabhängig veröffentlicht über Amazon

ISBN: 9798728713562

 Bibliografische Information der Deutschen Nationalbibliothek: Die Deutsche Nationalbibliothek verzeichnet diese Publikation in der Deutschen Nationalbibliografie; detaillierte bibliografische Daten sind im Internet über http://dnb.dnb.de abrufbar.

Janaina von Moos

# Schluss mit 9to5

## Starte durch im Home Office

Wie 15 Frauen dem langweiligen Büroalltag entfliehen und heute in ihrem Traum-Business erfolgreich sind

Mit Gastbeiträgen von:

Teresa Bukenberger, Christine Bukenberger, Anita Aichner, Anne-Marie Krall, Biggi Eugster, Birgitt Peer, Christine Lederer, Denise Seemann, Efthalia Amprazi, Franziska Ziegler, Kerstin Mordenti, Monika Wittor, Patrizia Solito, Yvonne Wigger

# Inhalt

# Danksagung

Ein herzliches Dankeschön geht an alle OMAs, die hier ihre persönliche Geschichte, ihre Erfolge und ihre Erlebnisse geteilt haben: Anita, Anne-Marie, Biggi, Birgitt, Christine, Denise, Efthalia, Franziska, Kerstin, Monika, Patrizia, Yvonne und an mein Team, Christine und Teresa.

Anna Nguyen, die mich unterstützt und ermutigt hat, an mich zu glauben, meine Arbeit und meine persönliche Vision niederzuschreiben.

Kathrin Hamann, die mir gezeigt hat, welche Schritte notwendig sind, um ein Buch zu veröffentlichen und dass das Potenzial an Themen noch bei weitem nicht ausgeschöpft ist und ganz besonders meinem Mann, der mich bei all meinen verrückten Ideen immer wieder unterstützt.

Am Ende will ich mich bei dir als Leser bedanken! Als Dankeschön für deinen Kauf, möchte ich dir noch ein Geschenk mit auf den Weg geben. Im November 2020 fand der Raketenworkshop mit über 400 Teilnehmerinnen statt!

In 4 Tagen haben die Teilnehmer aus den verschiedensten Geschäftsfeldern Tipps und Tricks rund zum Aufbau ihrer Selbständigkeit dazu gelernt.

Diese wertvollen Tipps solltest du nicht verpassen! Deshalb schenke ich dir den Zugang zum Workshop direkt! Gib dazu am Ende des Bestellvorgangs den Gutschein Code: **9to5Buch**

Du erhältst ihn aber kostenlos, wenn du den folgenden QR-Code scannst oder einfach den Link darunter abtippst!

https://thedigitalacademy.ch/raketenstart-workshop/

# Einleitung

Wir haben dieses Buch geschrieben, um dir ein neues und vielseitiges Berufsbild vorzustellen: die OMAs. OMAs sind **O**nline **M**anagement **A**ssistants, die sich mit diesem Beruf auch für einen komplett neuen Lifestyle entschieden haben.

Dieses Buch richtet sich zum einen an Frauen, die zu einer OMA werden wollen, um endlich den Traum von einem selbstbestimmten Leben und beruflicher Freiheit leben zu können.

Und zum anderen ist es auch für dich als moderne Unternehmerin, die sich eine der begehrten OMAs aus der Digital Academy sichern möchte, weil du verstanden hast, dass du mit den heutigen Möglichkeiten eine attraktive Arbeitgeberin für diese Frauen sein kannst. Und als diese profitierst du gleich mehrfach: Du hast gut ausgebildete und hochmotivierte Mitarbeiterinnen, die du flexibel einsetzen kannst und die stets auf dem neuesten technischen Stand der Digitalisierung sind.

Lass dich inspirieren von der Gründerin Janaina von Moos, die innerhalb kürzester Zeit ein Erfolgskonzept aus dem Boden gestampft hat. Erfahre wie sie mit ihrem „Freddy" (ihrer inneren Stimme, die sie immer wieder mal ausbremsen will) umgeht und welche Visionen sie mit der Digital Academy hat.

Wir zeigen dir auch in diesem Buch, was die Digital Academy dir bietet, um auf dem Arbeitsmarkt einzigartig zu sein und dich von der Masse abzuheben.

Und was ist der beste Beweis dafür, wie man als OMA erfolgreich durchstartet? Natürlich OMAs, die ihr Leben schon transformiert haben. Lass dich inspirieren von 15 großartigen und mutigen

Frauen, die den Weg gegangen sind und heute mit ihrer Einzigartigkeit den Online Arbeitsmarkt ganz schön aufmischen.

Diese OMAs gewähren dir einen Einblick hinter die Kulissen, in ihre persönliche Geschichte, in ihre Vision, in ihre Positionierung, ihre Herausforderungen und wie sie diese erfolgreich gemeistert haben.

Sie sind wahrhaftige Pioniere und stehen für all die OMAs, die noch kommen werden und die, die bereits in diesem Netzwerk aktiv sind.

Du fragst dich bestimmt: Netzwerk, warum Netzwerk? Auf den nächsten Seiten wirst du sehen, dass die Digital Academy ein geniales Netzwerk hat, welches dir den Rücken stärkt und dir beim Durchstarten hilft.

Es gibt inzwischen viele talentierte VAs auf dem Markt. Eine VA ist eine virtuelle Assistentin, die kaufmännische Aufgaben und auch Online Marketing vom Homeoffice aus für Kunden auf Freelancer Basis übernimmt.

Viele sind heute spezialisiert und gut positioniert. Wenn man aber mit ihnen spricht, bestätigen sie, dass eine klar definierte Ausbildung - wie die zur OMA - für sie vieles einfacher und leichter gemacht hätte. So viele Zweifel hätten sie sich sparen können. Die meisten hätten sich eine Community von Gleichgesinnten gewünscht, die sich ebenso auf den Weg machen wie sie selbst.

Denn nicht selten wird man von seinen Liebsten als Träumerin verurteilt, wenn man einfach so aus dem klassischen Hamsterrad aussteigen will. Seinem Traum zu folgen, braucht nicht nur Mut, sondern auch Nerven, wenn man bei jeder Familienfeier wieder und wieder erklären muss, wie man denn jetzt eigentlich sein Geld verdiene oder auch wenn man immer wieder: „Kann man denn damit überleben?", „Ist das was Seriöses?" zu hören bekommt.

Um dran zu bleiben und nicht aufzugeben ist dein richtiges Mindset essentiell und genau aus diesem Grund lernst du auch in der Academy eine ganze Menge darüber und bist ständig mit einem Netzwerk von gleichdenkenden und -handelnden Menschen unterwegs. Ganz nach dem Motto: „Gemeinsam, statt einsam."

In diesem Buch bekommst du viele Anregungen für all die Frauen, und vielleicht auch Männer, die mehr sein wollen als nur eine durchschnittliche virtuelle Assistenz. Nämlich den Kunden auf Augenhöhe zu begegnen, proaktiv zu arbeiten und eine echte Sparringspartnerin zu sein, die Lösungen für konkrete Aufgaben findet, bereits vorhandene Ideen hinterfragt und auch Verbesserungsvorschläge anbietet.

Wir wünschen dir ganz viel Spaß, Freude und viele Erkenntnisse beim Lesen dieses Buches.

Deine

Janaina mit ihrem Team

PS: Wir werden in diesem Buch ausschließlich die weibliche Form verwenden. Männer sind dennoch herzlich willkommen.

PPS: Wir werden viele Anglizismen in diesem Buch verwenden und diese auch erklären. Allerdings kannst du dich als zukünftige OMA schon mal an die Begrifflichkeiten gewöhnen. Willkommen in der Online Welt.

# Die besten Ideen entstehen beim Duschen

Ein richtig aufgestelltes Online Unternehmen wächst in der Regel extrem schnell. Am Anfang bist du Solopreneurin (Coach, Mentorin, Beraterin oder Unternehmerin) und plötzlich kommst du in die Situation, dass du selbst ein Team brauchst. Du wolltest doch eigentlich nur coachen und plötzlich ist da dieses Social Media Gedöns, E-Mail-Marketing, automatisierte Zahlungsabwicklung, Facebook Ads, Google my Business und äääähhh … darauf hast du doch überhaupt keine Lust. Genau das denken sich 99% der Unternehmerinnen and guess what … genau das sind die künftigen Kundinnen einer OMA.

Sie wünschen sich nichts sehnlicher, als ihre Herzensaufgabe wahrzunehmen oder sich in ihrer Zone of Genius, in ihrem speziellen Bereich tätig zu sein und sich darin zu entfalten und ihrer Kreativität freien Lauf lassen zu können. Das ist aber schon lange nicht mehr möglich, weil sie geplagt werden vom Daily Business, den täglichen Aufgaben, das sie beinahe auffrisst.

Warum kann ich dir das so bildhaft schildern? Weil ich in den letzten 12 Jahren fünf erfolgreiche Unternehmen aufgebaut habe und es immer wieder Phasen gab, in denen ich dachte: ‚Meine Güte, wie soll ich das nur schaffen?'

Am Rande der Überlastung und Überforderung habe ich mir oft gedacht: ‚Wie wäre es, wenn es solche Heinzelmännchen gäbe, die mir genau diese Arbeit abnehmen?'

Im englischsprachigen Raum ist die Arbeit als Freelancerin absolut normal. Hier in DACH hat sich das noch nicht etabliert.

Naja, als Unternehmerin habe ich natürlich sofort das Potenzial erkannt, schließlich ist man ja selbst die Frau. Ich habe angefangen, Leute in meinen Unternehmen für diese Aufgaben auszubilden. Die Zeit, die ich dafür investiert habe, hat jedoch das Wachstum meines Business verlangsamt. Zudem haben meine Kunden auch immer mehr nach solchen Leuten gefragt. Fragen wie: „Janaina, wo kriege ich denn solche Fachkräfte her?“, häuften sich.

Und eines morgens hatte ich beim Duschen plötzlich diesen Geistesblitz:

Was, wenn ich die Leute für die Online Tätigkeiten nicht mehr mühsam einzeln ausbilde, sondern einen richtigen Lehrgang entwerfe? Gesagt, getan.

Ich habe zwei Jahre lang alle Fragen, die meine Kundinnen immer wieder bezüglich Outsourcing an mich gestellt haben, gesammelt. Ich habe Online Unternehmerinnen interviewt, um herauszufinden, wo der größte Schmerzpunkt liegt und was eine echte Entlastung wäre. Wir haben immer wieder den englischsprachigen und deutschsprachigen Markt analysiert. Was ist kompatibel und wo ticken wir komplett anders? Nach zwei Jahren hatten wir also genügend Informationen, um die perfekte Ausbildung für zukünftige OMAs zu kreieren.

Durch diese spezielle Ausbildung werden OMAs (Online Management Assistants) perfekt für den Online Arbeitsmarkt vorbereitet. Sie sind quasi die Heinzelmännchen, die den Unternehmerinnen in den unterschiedlichsten Bereichen eine gute Hilfe und Unterstützung sind.

Diese Erfahrung habe ich tatsächlich 2013 schon einmal erlebt. Ich habe damals zwei VAs beschäftigt. Eine saß in den Philippinen und nahm mir langweilige Routinearbeiten ab. Der andere war ein

Österreicher, der gerade nach Kanada ausgewandert war und Freelancer Tätigkeiten anbot, solange er noch auf die kanadische Arbeitsbewilligung wartete. Beide arbeiteten also in einer anderen Zeitzone. Und es ist so großartig, wenn man zwischen den Zeitzonen hin und her springen kann. Das gestaltet den Arbeitsprozess unheimlich effizient.

Diese Heinzelmännchen Erfahrung war für mich ein pures Freiheitsgefühl, das ich auf keinen Fall je wieder hergeben würde. Und ich wusste, es würde vielen meiner Unternehmerkolleginnen genauso gehen.

# Vorstellung der Digital Academy

## Entstehung

Die Digital Academy wurde als innovatives Online Ausbildungsinstitut gegründet, weil wir den klassischen Beruf im Backoffice marktkompatibel machen wollen. Arbeitnehmerinnen wünschen sich mehr Flexibilität, um Karriere und Familie zu verbinden. Dieser Wunsch kann gelöst werden mit virtuellem Arbeiten und Tätigkeiten im Homeoffice. Zeitgleich dürfen wir uns langsam aber sicher von den starren Arbeitsmodellen verabschieden. Auch Arbeitgeber merken, dass sie, um an gute Fachkräfte zu kommen, innovativ sein müssen.

Mit den Mitteln, die uns heute zur Verfügung stehen, sind die Kommunikationswege viel kürzer geworden. Das vereinfacht vieles und eröffnet komplett neue Möglichkeiten. So müssen Arbeitnehmer nicht jeden Tag lange Staus und Bahnverspätungen in Kauf nehmen, ihr Arbeitsalltag gestaltet sich flexibler und dadurch sind sie deutlich motivierter.

In vielen Branchen ist dies bereits angekommen. Wenn wir nur einmal daran denken, wie sich das Kaufverhalten in den letzten Jahren generell verändert hat - insbesondere durch die COVID Krise in 2020. Doch bereits seit 2019 konnten zwei Drittel aller Online Anbieter ihren Umsatz um mehr als 13 % erhöhen, Tendenz steigend.

Und genau das kann man im Arbeitsmarkt auch machen: Man kann seine Fachkräfte online einkaufen - sei es projektbezogen oder auch Mitarbeiter für feste Pensen. Doch der Arbeitsmarkt ist im Vergleich zum Konsumentenmarkt leider immer noch sehr unflexibel. So lange genügend Menschen bereit sind, ihre Lebenszeit im Hamsterrad zu verbringen, gibt es für Firmen keinen Grund, etwas an ihrem Modell zu verändern.

Und deshalb sich sie Digital Academy zur Aufgabe gemacht, in dieser Hinsicht ein Umdenken zu bewirken und vielen Frauen einen Weg aufzuzeigen, selbständig und frei arbeiten zu können.

## Reise in die Vergangenheit

Die Arbeitsmodelle seit der Industriellen Revolution, die in der zweiten Hälfte des 18. Jahrhunderts begann, haben sich zwar verändert, aber die Anforderungen und der Leistungsdruck haben sich bis heute gehalten.

Früher trugen unsere Vorfahren als Fabrikarbeiter die schwere Last der ständigen Weiterentwicklung von Technik, Produktion und Wissenschaft, die nun schon seit Jahrhunderten zu einer dauerhaften Umgestaltung aller wirtschaftlichen und sozialen Bedingungen führt.

Aber was genau hat sich seither verändert? Wir stehen nicht mehr am Fließband, sondern sitzen jetzt am Bürotisch vor dem Computer. Aber im Grunde sind wir immer noch Fließbandarbeiter. Unser Handeln und Denken haben sich noch nicht wirklich verändert.

Wir verharren immer noch in diesem Gefühl von immer höher, schneller, weiter. Wir stecken immer noch in alten Systemen fest. In Systemen, die uns krank machen, in denen wir unglücklich sind und dabei so viel wichtige Lebenszeit verlieren.

Warum machen wir das? Warum brechen wir nicht aus?

## Büro(R)Evolution

Es ist höchste Zeit für eine sanfte (R)Evolution. Ein Umdenken der Arbeitnehmerinnen, die sich nicht mehr länger alles gefallen lassen. Nicht rebellieren, sondern stattdessen mit gesundem Menschenverstand und überzeugenden Argumenten an die Firmen herantreten und aufzeigen, warum es so viel mehr Sinn macht, in flexible Arbeitsmodelle überzugehen.

Die Digital Academy leistet als Bildungsinstitut einen Beitrag in diese Richtung. Nicht nur durch adäquate Ausbildungslehrgänge, sondern auch durch Aufklärungsarbeit, Lobbying mit Arbeitgeber- und Arbeitnehmerverbänden. Es ist wichtig, dass mittelständische Unternehmen, Familienbetriebe und auch Konzerne von diesen Möglichkeiten erfahren, die unsere Technik uns heutzutage eröffnet. Eine fantastische Möglichkeit für jede Unternehmerin!

Die Digital Academy geht selbst als gutes Vorbild, als sogenanntes Role Model, voran und zeigt, dass Änderungen im Arbeitsalltag wirklich möglich sind. Denn die Digital Academy ist ein digitalisiertes Unternehmen mit einem virtuellen Team.

Alle Teammitglieder arbeiten im Homeoffice oder von dort aus, wo sie sich gerade befinden, und beweisen so jeden Tag aufs Neue, wie man eben auch online professionell und zielführend miteinander arbeiten kann.

Das heißt, wir haben alle Prozesse weitestgehend automatisiert und das Team arbeitet eng, aber eben virtuell, zusammen.

Durch die sogenannten Calls, gemeinsame Videokonferenzen, kommt dennoch das Gefühl auf, dass man wie in einem gemeinsamen Büro sitzt, nur mit dem kleinen Unterschied, dass man viel mehr Freiheiten hat und selbstbestimmter leben kann.

In Ländern wie den USA ist es ganz normal so zu arbeiten.

Ich wurde 2012 durch das Buch „Die 4-Stunden Woche" von Timothy Ferris erstmals auf eine solche Möglichkeit aufmerksam gemacht. Es hörte sich, wie wahrscheinlich genau für dich jetzt, total surreal an. Dennoch hat mich der Gedanke nicht mehr losgelassen. Freddy hat in mir drin rebelliert, aber ich wollte wissen, ob es wirklich möglich sei. Also - Challenge accepted!

Nachdem ich nun selbst zwei von fünf Unternehmen komplett online aufgebaut und hunderten von Kunden beim Übergang vom Offline Business ins Online Business geholfen habe, kann ich sagen: Es ist möglich.

Wenn du jetzt spürst, dass du gerne Teil dieser Büro(R)Evolution sein willst, dann schau auf der Homepage (www.thedigitalacademy.ch/) vorbei und informiere dich.

Oder besorge dir das Buch „Büro(R)Evolution, mehr Spaß, Freiheit und Einkommen im Home Office" das im Frühjahr 2021 erscheinen wird.

Ich werde nie vergessen, wie ich Anita, sie ist eine OMA der ersten Stunde und hat dieses Buchprojekt geleitet, im Februar 2020 bei einem Seminar kennengelernt habe. Als ich ihr erzählte, was und wie ich arbeite, hat sie nur noch gestaunt. In ihrem Leben gab es bisher nur das 9to5 Arbeitsmodell und dass es dazu Alternativen gibt, konnte sie sich damals noch nicht vorstellen.

Denn Anita war fast 30 Jahre lang im öffentlichen Dienst und davon 20 Jahre als Standesbeamtin, als Beamtin in einer Führungsfunktion, tätig. Krasser hätte der Kontrast nicht sein können. Dann trifft sie auf mich und unsere gemeinsame Bekannte Uta. Als ich angefangen habe, vom Online Business zu erzählen, hat sich Anita sicherlich gedacht, ich sei eine Geisterfahrerin. Aber Uta, auch eine Ü50 wie Anita, und auch schon längere Zeit im Online Business tätig, hat meine Worte bestätigt. Und Anita kam aus dem Staunen nicht mehr heraus.

Wer ist da jetzt auf der Autobahn in der falschen Richtung unterwegs?

Nur kurz vorab, keine zwei Monate später, als wir mit OMA 1 gestartet sind, war Anita mit an Bord. Und was heute aus ihr geworden ist, will ich an dieser Stelle noch gar nicht verraten. Lies dir einfach ihren Beitrag hier im Buch durch.

# Nicht alles ist Chefsache, selbst wenn du das denkst

Als Coach, Beraterin und Trainerin ist es natürlich wichtig, ein Grundverständnis von Online Marketing zu haben. Denn schließlich kann ein Kapitän sein Schiff nur so gut steuern, wie er auch seine Mannschaft anführen kann. Wenn der Kapitän aber nicht weiß, wohin es geht, wird das Boot niemals am richtigen Hafen einschiffen.

Das heißt, eine Unternehmerin sollte auch in der Lage sein, ihr Business alleine zu meistern. Für sie sollten Begriffe wie Social Media, Paid Traffic, E-Mail-Marketing, Automationen keine Fremdwörter sein. Auch sie sollte sich verschiedene Tools genauer anschauen, um die Unterschiede der Funktionalitäten und des Pricings zu verstehen. Denn es gibt kein One Size Fits It All.

Wenn man seine Einzigartigkeit als Solopreneurin unterstreichen und aus der Masse hervorstechen möchte, dann braucht es ein maßgeschneidertes Konzept.

Genau das zeige ich in einem von mir persönlich erprobten Prozess, nämlich in dem Kurs NAVIGATOR (weitere Infos dazu auf www.janainavonmoos.com).

Und wenn zum Beispiel durch den Navigator das Unternehmen immer weiter wächst, in Dimensionen, die man nicht mehr allein steuern kann, genau dann überlegt sich die Unternehmerin Folgendes:

- Welche Aufgaben sind denn eigentlich Chefsache?
- Was bereitet mir Freude?
- Was kann ich abgeben?
- Was können andere besser als ich?

Und genau da kommst du ins Spiel als OMA.

Die Vorteile sind ganz einfach: Die Unternehmerin kann sich auf das Wesentliche konzentrieren und fokussieren. Sie kann wieder das tun, was ihr Freude bereitet und wofür sie wirklich brennt.

Und wenn du, jetzt also als Geschäftsinhaberin, dieses Buch liest und denkst: ‚Boah, solch eine OMA hätte ich auch gerne!', dann melde dich bei der Digital Academy unter www.thedigital-academy.ch/job-pool und buche dir jetzt deine eigene OMA.

Du bezahlst für tatsächlich geleistete Stunden und den tatsächlichen Aufwand. Dadurch entstehen keine weiteren Unkosten, da man keine vertragliche Festanstellung eingeht.

Also eine klare Win-Win-Win-Situation!

1. Win, als Unternehmerin wird man sofort entlastet und hat wieder Zeit für die wichtigen Sachen.
2. Win, man bezahlt nur, was man tatsächlich braucht, und kann viel besser budgetieren und kalkulieren.
3. Win, eine hochmotivierte OMA hält einem überall da den Rücken frei, wo man es sich wünscht, eine Jobbeschreibung nach Maß sozusagen.

Zögerst du noch?

Wenn du Unternehmerin bist, dann überlege dir jetzt sofort, was du gerne abgeben möchtest.

Kontaktiere uns und gib mal probeweise ein Kleinprojekt von 10 Stunden ab und sieh, wie es sich anfühlt. Ich weiß es jetzt schon: Du wirst einen Heinzelmännchen Effekt erleben und du wirst diese Freiheit nicht mehr zurückgeben wollen. Warum ich das weiß? Weil es allen so geht, die sich diese Freiheit bereits geschaffen haben.

Aber auch für Offline Unternehmen werden die OMAs immer interessanter. Denn sie beherrschen die unterschiedlichsten Tools, um Arbeitsabläufe zu strukturieren und zu vereinfachen. Sie können Online Kalenderterminierungen vornehmen und auch technisch verknüpfen, Online Zahlungs- und Buchhaltungssysteme einrichten und verwalten und so vieles mehr. Dabei rechnen sie ganz genau die geleisteten Arbeitsstunden mit einem Online Tool ab. Es lässt sich so viel mehr outsourcen und durch remote machen, was bedeutet, mit Fernarbeit oder im Homeoffice erledigen, als sich der klassische Offline Unternehmer vorstellen kann. Was für eine geniale Erfindung, oder?

Die Digital Academy, auch intern liebevoll DIGI genannt, hat es sich zur Aufgabe gemacht, die besten Virtuellen Assistentinnen, in Form von OMAs, auszubilden und für den Markt topfit zu machen. Viele VAs haben beim Starten nicht die Skills, die Fähigkeiten, die es für ein Online Business braucht, die die OMAs aber mitbringen. Denn die OMAs lernen nicht nur fachlich, sondern haben ein starkes Netzwerk im Rücken, das hinter ihnen steht.

Sie sind in der Lage, komplexe und anspruchsvolle Projekte zu bewältigen. Denn sie können jederzeit das kollektive Gehirn der Gemeinschaft und die Schwarmintelligenz anzapfen. Sie werden darauf ausgebildet, nicht einfach fleißige Arbeitsbienen, sondern proaktive Sparringspartnerinnen für dein Unternehmen zu sein, eine echte Entlastung also. Als Unternehmerin kann man sich schon nach kürzester Einarbeitungszeit wieder aufs Kerngeschäft konzentrieren. Eine OMA wird hier und da auch mal bestehende Prozesse hinterfragen und mit dem Vorschlag eines schlankeren Prozesses an die Unternehmerin herantreten. Aber seien wir mal ehrlich, ist das nicht genau das, was sich jede Unternehmerin wünscht?

Wenn du jetzt als Unternehmerin dieses Buch liest und dein Kopf schreit laut Ja, dann melde dich bei der Digital Academy unter www.thedigitalacademy.ch/job-pool und buche dir jetzt deine OMA.

# Wenn die OMA zum Chef wird

Du bist jetzt Sekretärin, Assistentin, Direktionsassistentin, leitest den Empfang oder das Backoffice, bist die rechte Hand des Chefs und denkst: ‚Wie wäre es, wenn ich so arbeiten könnte?'

Lies einfach weiter, wir werden dir genau sagen, wie das geht.

Jetzt frage ich dich ganz direkt: Hast du nicht genug davon …

- dich unter Wert zu verkaufen?
- dir sagen zu lassen, was du kannst und was nicht?
- deinen Chef darüber entscheiden zu lassen, wie viel du verdienen darfst?
- immer zwischen Beruf und Familie entscheiden zu müssen?
- dich von deinem Arbeitgeber klein halten zu lassen?
- dir anhören zu müssen, warum du schon wieder keine Gehaltserhöhung bekommst?

Wie wäre es, wenn du ab heute ortsunabhängig arbeiten und dir frei deine Zeit einteilen könntest?

Wenn du eine Lerche oder eine Nachteule bist, arbeitest du von nun an zu den Zeiten, in denen du am produktivsten bist und nutzt deine Zeit sinnvoll, wenn deine Kinder zu Hause sind, um die wertvolle Lebenszeit mit ihnen zu verbringen.

Du musst dich nicht mehr zwischen Arbeit und Familie entscheiden und bei der Arbeit so tun, als hättest du keine Familie, nur um einen möglichst lückenlosen Lebenslauf vorweisen zu können.

Stattdessen arbeitest du nur noch mit wertschätzenden Kundinnen und Auftraggeberinnen. Diese sind vielleicht selbst Mütter und wissen, wie es ist, wenn das Kind mal wieder eine Nacht lang nur geschrien hat und du dadurch kein Auge zubekommen hast.

Hört sich zu gut an, um wahr zu sein? Ich weiß, Freddy will dir jetzt gerade sagen, dass das ja gar nicht sein kann. Freddy nenne ich meinen Verstand, wenn er mir mal wieder reinquatschen will und mir sagt, was alles nicht möglich ist. Vielleicht heißt Freddy bei dir auch Tinchen. So hatte ihn eine meiner Kundinnen genannt. Du weißt, was ich meine. Die Stimme im Kopf, die dich klein hält. Und dass man nicht ‚de füfer und s Weggli' haben kann (Übersetzung: du kannst nicht das Geld und die Ware haben) und überhaupt, warum solltest du gerade den Jackpot knacken und plötzlich aus dem Nichts heraus aus dem Hamsterrad aussteigen können?

Ja, ich weiß, ich hatte in den letzten 12 Jahren viele Freddys, aber mittlerweile kommen wir ganz gut miteinander klar.

Jetzt fragst du dich wahrscheinlich: ‚Wie kann ich denn den Freddy überzeugen?'

Ganz einfach. Es gibt 3 Möglichkeiten, die du sofort tun kannst:

1. Du ignorierst Freddy und machst das, was du willst. Einfacher gesagt als getan. Denn niemand wird gerne ignoriert, auch Freddy nicht. Wenn du ihn einfach ignorierst, wird er immer lauter schreien. Daher ist das nicht unbedingt die beste Strategie.
2. Du nimmst Freddy in Schutz und denkst dir so: ‚Ja, Freddy meint es gut mit mir. Er will mich vor etwas Schlimmen bewahren.' Tatsächlich ist Freddy ein natürlicher Schutzmechanismus und gleichzeitig hält er dich klein. Das heißt, wenn du wachsen willst, wirst du mit deinem Freddy einen Deal eingehen müssen.

3. Du beobachtest Freddy, wenn er wieder mal anklopft und anstatt sofort zu reagieren, denkst du dir einfach: ‚Ach, interessant, dass du diese Ansicht hast‘, und gehst einfach weiter in deinem Handeln.

Ich möchte dich einladen, den dritten Punkt immer dann umzusetzen, wenn Freddy sich bei der weiteren Lektüre dieses Buches melden sollte. Dann sage ihm einfach ‚interessant‘ und lies weiter. Gern kannst du Freddys Einwände auch schriftlich festhalten und sie später für dich analysieren.

Oder du setzt Punkt 2 um und jedes Mal, wenn Freddy reinquatscht, machst du einen Deal mit ihm. Zum Beispiel, dass er dich bis Seite 100 weiterlesen lässt und danach könnt ihr das, was er dir sagen möchte, miteinander ausknobeln.

Entscheide dich jetzt, wie du mit deinem Freddy umgehen willst. Denn es ist essentiell, damit du für dich das Maximale aus diesem Buch herausholen kannst.

Glaube mir, du bist nicht alleine mit deinem Freddy. Jede OMA, die in der Academy gestartet ist, hatte einen. Alle hatten sie Respekt davor, den Sprung zu wagen und dennoch haben sie es getan. Heute sind sie glücklicher und ausgeglichener als jemals zuvor. Wir haben 15 wahre Geschichten in dieses Buch gepackt, damit du deinem Freddy zeigen kannst, was alles möglich ist.

Mit der Ausbildung zur OMA erlernst du nicht nur einen Beruf. Du holst dir deine Freiheit zurück. Du wirst zu deinem eigenen Boss, lebst selbstbestimmt, eröffnest dir dadurch neue Möglichkeiten und einen komplett neuen Lifestyle.

Mit unserer OMA Vision eröffnen wir einen komplett neuen und wirklich heißbegehrten Berufszweig.

Warum ist das so einzigartig?

OMAs sind die 007-Agenten auf dem Markt. Sie haben die Mission, die Online Unternehmen, für die sie arbeiten, noch größer werden zu lassen.

Welche Motivation sie haben? Berechtigte Frage!

Wie schon ein paar Seiten zuvor erwähnt, arbeiten OMAs als Freelancer. Die Motivation, warum sie überhaupt OMA wurden, liegt glasklar auf der Hand. Sie wollen orts- und zeitunabhängig arbeiten. Sie wollen wertgeschätzt werden und Spaß bei der Arbeit haben, aber gleichzeitig ist ihnen auch die Zeit und der Raum für sich und ihre Familie sehr wichtig. Sie sind nicht mehr bereit, in veralteten Strukturen zu arbeiten und sich weiterhin in ein starres Korsett pressen zu lassen.

Das, was OMAs von den klassischen VAs unterscheidet, ist ein erstklassiges Mindset und ein Commitment sich selbst und ihren Auftraggebern gegenüber. Aber sicher auch ein tiefes, technisches Verständnis und die unterstützende Community mit Schwarmintelligenz. Und damit sind sie für ein wachsendes Unternehmen wahre Perlen.

# Aufbruch in (d)ein neues Leben

Ein Unternehmen, das heutzutage überdurchschnittlich schnell wächst, ist viel mehr als einfach ein cleveres System mit schlauen Köpfen. Menschen sehnen sich seit jeher, Teil von etwas Größerem zu sein, einer größeren Vision anzugehören. Sie suchen daher nach Sinnhaftigkeit.

Man spricht im Englischen auch von einem Purpose & Passion Driven Business, einem zweckorientierten und leidenschaftlichen Unternehmen. Wenn man heute die Millennials, die Generation, die nach 2000 geboren ist, fragt, was ihnen bei der Arbeit wichtig ist, sprechen sie oftmals von Impact. Das ist das englische Wort für Effekt, diese jungen Menschen möchten Einfluss haben und mit ihrem Wirken einen nachhaltigen Fußabdruck hinterlassen.

Jede Unternehmerin weiß, dass wenn sie heute Menschen bewegen will, muss sie ihre Einzigartigkeit leben und ihre Werte kommunizieren. Menschen wollen Teil einer Bewegung sein.

Die Digital Academy hat es sich nicht nur auf die Fahne geschrieben, die besten Online Berufe am Markt auszubilden, sondern auch eine Büro(R)Evolution anzustoßen.

Die heutige Arbeitnehmerin wünscht sich mehr als nur einen „sicheren" Arbeitsplatz mit pünktlicher Bezahlung. Sie will sich verwirklichen mit ihrem Können und ihren Talenten.

Wir wollen Unternehmer, Familienbetriebe und Konzerne zum Umdenken anregen.

Was, wenn mehr Menschen so arbeiten könnten, wie sie es sich wünschen? Im Homeoffice zum Beispiel.

Im Homeoffice zu arbeiten hat so viele Vorteile für beide Seiten, um hier mal einige zu nennen:

Aus der Sicht der Arbeitnehmerin:

- Muss nicht jeden Tag im Stau stehen, der Umweltschutzgedanke zählt hier
- Muss sich nicht in überfüllte S-Bahnen quetschen
- Flexibilität für Wahrnehmung privater Termine wie Arzt, Zahnarzt, Einkaufen, Fitness - steht also für mehr persönliche Freiheit
- Mehr Zeit für die Familie
- Durch die Ortsungebundenheit steigt die Flexibilität, das Business in der Handtasche überall hin mitzunehmen

Aus Arbeitgebersicht:

- Keine Anschaffung und Wartung von Computern und anderer Technik
- Keine Miete für Büroräumlichkeiten
- Keine Anschaffung von Büroausstattung
- Kosteneinsparung auf vielen Ebenen
- Glücklichere Mitarbeiter performen besser und bleiben länger im Unternehmen
- Gilt als attraktiver Arbeitgeber und sichert sich einen Wettbewerbsvorteil im War of Talents, dem sogenannten Krieg um die Talente

Diese Listen könnte ewig weiter geführt werden.

Aufgabe an dich:

Diese Aufgabe richtet sich sowohl an eine Arbeitnehmerin als auch an eine Arbeitgeberin.

Finde für dich zehn Argumente, die in deiner persönlichen Situation für die Arbeit von zu Hause aus, dem Homeoffice, sprechen und überlege dir gleichzeitig, wie du dieses umsetzen kannst.

Plane genau, welche Umsetzungsmaßnahmen mittelfristig oder in den nächsten 2-3 Monaten umgesetzt werden können.

Und notiere auch die, für die du einen längeren Zeitraum benötigen wirst.

Mit dieser Aufgabe kannst du Klarheit darüber erlangen, was für dich der beste und geeignetste Weg ins Homeoffice ist. In der Academy wirst du dann dabei unterstützt, deinen persönlichen Weg zu gehen und im richtigen Tempo und in deine richtige Richtung.

# Die OMA Hard Facts

Die OMAs lernen in der Academy nicht nur unternehmerisches Denken und Handeln, sondern auch den Code of Business und Code of Ethics, betriebliche Verhaltens- und Ehrengrundsätze.

Die OMAs werden als Sparringspartner ausgebildet und haben ganz klar den Anspruch mit ihrer Performance einen Return on Investment, einen Investitionsertrag für das Unternehmen zu erzielen und nicht einfach nur Stunden zu scheffeln. Ihre Arbeit muss jederzeit messbar sein.

Sie leben und denken für das Unternehmen ihrer Kunden, als ob es ihr eigenes Unternehmen wäre. Denn der Erfolg ihrer Kunden ist auch ihr Erfolg.

Du fragst dich jetzt, ob so etwas überhaupt notwendig ist?

Gegenfrage: Warum denkst du überhaupt darüber nach, ob es notwendig ist?

Logischerweise willst du, dass dein Unternehmen wächst. Somit hast du dir genau jetzt die Antwort gegeben. Nur wenn deine Mitarbeiter, ganz egal ob Angestellte oder Freelancer, für dein Unternehmen leben, wird es wachsen.

Als Selbständige denkst du dir vielleicht: ‚Kann ich mir eine OMA leisten?'

Als Unternehmerin weißt du genau, du kannst es dir nicht leisten, keine OMA zu haben. Der Unterschied zwischen Selbständigen und Unternehmern wird anhand des Cash Flow Quadranten von Robert Kyosaki (https://bit.ly/3pjorJ9) erklärt. Denn jeden Tag, an dem dein Produkt nicht am Markt ist, verlierst du Einnahmen. Jeder Tag, an dem ein Mitbewerber sichtbarer ist als du, verlierst du Marktanteile und verlierst somit Geld.

Eine OMA am richtigen Ort eingesetzt, bringt deinem Unternehmen in der Regel Return on Investment innerhalb von 90 -180 Tagen[1].

Die OMAs gehen immer, wirklich immer ALL IN. Genial, oder?

Voraussetzung ist natürlich, dass die Chemie zwischen der Kundin und der OMA übereinstimmt.

Die Säule, auf der die Academy gebaut wurde, lautet: „Komm als Kunde und bleibe als Freund!"

Die Academy vermittelt OMAs praxisnahes Wissen des Online Marketings so tief und breit, dass sie das Big Picture verstehen. Nur so kann die Auftraggeberin optimal unterstützt werden.

Never Stop Learning & Growing, hör nie mit dem Lernen und dem Wachsen auf, das ist das Motto einer jeder OMA. Das ist das Mindset, welches sie mitbringt.

Ich sehe schon das Fragezeichen in dir aufkommen - warum Mindset?

Ganz einfach. Wir sind alle nicht als Selbständige und Unternehmerinnen geboren. Die meisten von uns kommen aus klassischen Arbeitnehmerfamilien. In der Schule haben wir ebenfalls nicht gelernt, wie eine Unternehmerin zu denken. Wenn du heute 10, 20, 30 Jahre angestellt warst, dann hast du in diesem Rahmen gelebt.

---

[1] angemerkt wird jedoch, dass es sich dabei um einen Durchschnittswert handelt und es dafür keine Garantie gibt. Sämtliche Haftungsansprüche werden hier ausgeschlossen.

Als OMA wirst du diesen Rahmen zwangsläufig verlassen müssen, wenn du dich am Markt etablieren willst und deine mentale Einstellung muss umprogrammiert werden.

OMAs sind es gewohnt zu lernen und sich immer weiter zu entwickeln. Mit den Mindset Schulungen der Academy arbeiten sie stark an ihrer Persönlichkeit. Das heißt, als OMA bekommst du ein Coaching für deine Persönlichkeitsentwicklung einfach so oben drauf. Als Arbeitgeberin bekommst du Fachkräfte, die in ihrem Denken und Handeln ganz anders unterwegs sind als klassische Freelancer.

In den Schulungen geht es in die Tiefe. Man analysiert sein Selbstbild, erkennt alte Gewohnheiten und Muster und bekommt Werkzeuge an die Hand, um diese zu durchbrechen.

Der Autopilot unserer OMAs wird quasi auf Reset gesetzt und neu programmiert.

Was meine ich mit „die mentale Einstellung wird umprogrammiert"?

**OMAs denken in Lösungen und nicht mehr in Problemen.**

**OMAs finden das Geschenk in der Herausforderung und sagen Challenge Accepted.**

In der heutigen Zeit ist ein starkes Mindset wichtiger denn je.

Was unterscheidet den Sieger vom Zweitplatzierten? Beide sind sie gut trainiert, fleißig, haben die besten Coaches. Der einzige Unterschied ist das Mindset.

Genauso ist es in der heutigen Arbeitswelt. Ob man schnell ausgebucht ist und sich vor Aufträgen fast nicht mehr retten kann, hängt allein von deinem Mindset ab.

Ich weiß, Freddy schreit schon wieder in deinem Kopf: ‚Halt, halt, so einfach ist es dann doch nicht, Kunden zu finden. Ob ich dann davon tatsächlich leben kann usw.'

I feel you! Das sind die gängigen Einwände, die ich von angehenden OMAs kenne. Alle haben sie es geschafft, ihre Einstellung zu ändern und zu erkennen, wo sie aus dem Arbeitnehmer Mindset ausbrechen dürfen. Und wenn Freddy dir das oder Ähnliches sagt, dann solltest du dringend an deinem Mindset arbeiten. Es wird dir so oder so zugutekommen als Angestellte oder Selbständige.

Durch dieses Werkzeug, welche die OMAs für sich lernen, sind sie gefestigter und in der Lage, bessere Entscheidungen für sich aber auch für ihre Kunden zu treffen. Eine OMA ist ein wahrer Diamant für jedes Unternehmen. Hast du das erkannt?

Der Markt entwickelt sich rasant weiter. OMAs wissen das und sind sich der Wichtigkeit, am Ball zu bleiben, bewusst. OMAs investieren von sich aus viel Zeit und Geld in ihre stetige Weiterbildung. Wenn man als OMA sein Business richtig aufbaut, dann bleibt einem auch mehr Zeit für Weiterbildung. Man kann sich da weiterbilden, worauf man Lust hat und man hat auch das Geld, um in die Weiterbildung zu investieren. Und um Geld zu haben, das man in Kurse investieren kann, setzt es voraus, dass eine OMA ein gut laufendes Business hat.

Ja auch das will von der Pike auf gelernt sein. Guess what? Die Academy gibt dir auch das an die Hand.

Wie viele Fakten brauchst du also noch?

Ich weiß, dich habe ich schon längstens überzeugt und es kribbelt in deinen Fingern. Du würdest am liebsten gleich morgen kündigen und loslegen. Aber Freddy sagt dir immer wieder: „Moment mal. Hol dir mal alle Fakten. Beobachte das mal eine Zeit lang, ob das Ganze Hand und Fuß hat.' Und ja ich verstehe vollkommen, dass du das machen willst. Denn genau so denken Angestellte. Wie oft wolltest du schon kündigen und dann meinte Freddy: „Jetzt ist noch nicht der richtige Zeitpunkt. Warte lieber noch ein bisschen, vielleicht gibt es auch intern Möglichkeiten. Vielleicht kriegst du dieses Jahr eine Gehaltserhöhung. Vielleicht wirst du dieses Jahr befördert." Nix da. Wieder ein Jahr verstrichen für nichts.

Bis du kündigst, braucht es vielleicht einen Burnout, Boreout, die nächste Reorganisation, viel Frust, Tränen usw. Ich weiß, dass ich dich gerade etwas hart rannehme. Aber ich weiß auch, dass du gerade diese virtuelle Ohrfeige von mir brauchst, um endlich zu erwachen. Du hättest nicht schon so weit gelesen, wenn du nicht endlich aus dem 9to5 ausbrechen wolltest. Du hättest das Buch gar nicht erst gekauft. Also sag Freddy, er soll dich jetzt die nächsten 100 Seiten in Ruhe lesen lassen und danach könnt ihr das immer noch miteinander besprechen und eine Pro- und Kontraliste erstellen.

Aber am Ende dieses Buches wirst du keine Pro- und Kontraliste mehr brauchen, weil du genau weißt, was die richtige Entscheidung für dich ist und dir ist auch klar, dass eine Pro- und Kontraliste zu erstellen ebenfalls etwas mit deinem Mindset zu tun hat.

Du weißt es jetzt schon? Du möchtest OMA werden?

Dann geh auf www.thedigitalacademy.ch und komm auch gerne in unsere FB Gruppe ww.facebook.com/groups/DigitalAcademy-Lounge.

Es ist eine Investition in DICH! Alles, was du mal gelernt hast, kann dir niemand mehr nehmen. Es macht dich krisensicher. Ein Job kann dir jederzeit gekündigt werden. Als OMA bist du eigens für deine Einnahmen verantwortlich. Wenn du deinen Job für deine Kunden gut machst, wird dich niemand mehr gehen lassen. Im Gegenteil, sie werden dein Pensum so schnell wie möglich erhöhen wollen.

Keine Unternehmerin gibt ihr Heinzelmännchen jemals wieder her, wenn es so richtig funzt.

Die Arbeitgebernachfrage ist riesig. Wir kommen in der Academy kaum hinterher, genügend OMAs auszubilden. Noch nie war es so einfach, sich selbständig zu machen und Fuß zu fassen.

Schau dir die Werdegänge an, die ausgewählte OMAs hier im Buch erzählen - Assistentinnen aber auch Quereinsteigerinnen im Alter von 25 - 62, alle haben sie es gewagt und sind heute erfolgreich etabliert.

Nimm sie als Inspiration und gehe deinen Erfolg bringenden Weg für DICH!

**Merke dir zwei Sachen:**

1. **Man ist nie zu alt!**
2. **Der richtige Zeitpunkt, um zu starten, ist immer jetzt!**

# Für wen ist die Digital Academy?

Du möchtest nicht mehr in einem 9to5 Job festhängen?

Natürlich, doofe Frage, sonst wärst du nicht hier.

Hier ist der Deal!

Bevor du weiterliest, musst du mir versprechen, dass du den Freddy im Griff hast. Erinnerst du dich? Du hattest mit ihm eine Vereinbarung getroffen, dass er dich die nächsten 100 Seiten in Ruhe weiterlesen lässt.

Also, ich muss mich darauf verlassen können, dass du deinen Freddy im Griff hast, sonst wird dir dieses Buch nichts bringen. Wenn du deinen Freddy hier schon nicht unter Kontrolle hast, wirst du es besonders schwer haben, die Disziplin an den Tag zu legen, die du als OMA brauchst.

Stell dir vor … wie wäre es, wenn du …

… NIE MEHR ANGST haben musst, dass …

… du dir von deinem Chef was anhören musst, wenn dein Kind wieder mal krank ist und du kurzfristig keine Betreuung organisieren kannst?

… dir gekündigt wird, weil du mit Ü50 - oder auch schon früher - einfach zu teuer bist für deinen Arbeitgeber?

… du durch eine jüngere, günstigere Arbeitskraft ersetzt wirst?

… du selbst krank wirst und dadurch den Job verlierst und danach auch lange keinen mehr findest?

oder

… du bei der nächsten Kündigungswelle rausfliegst?

Ich weiß, Freddy schreit schon wieder laut: „Das ist nicht möglich! Wo ist der Haken? Da ist bestimmt was faul!"

Wenn Freddy sich jetzt eingemischt hat, ist das ganz normal. Du musst dich auch nicht schlecht fühlen, dass du noch nicht bei Seite 100 angekommen bist und er sich schon wieder meldet. Da, wo du heute stehst, ist es völlig okay, dass Freddy so laut ist. Glaube mir: Been there, done that (Übersetzung: Das kenne ich schon, habe ich schon erlebt). Die gute Nachricht ist: Genauso wie du einen Hund trainieren kannst, so kannst du auch deinen Freddy trainieren. Das würde hier aber den Rahmen sprengen. Lernen wie das geht, tust du auf jeden Fall in der Academy. Oder vielleicht schreibe ich mal ein eigenständiges Buch darüber, wer weiß.

Kehre nochmals an die Stelle zurück mit STELL DIR VOR …

Ich möchte, dass du den ersten Satz liest, die Augen schließt und dir vorstellst, wie sich das anfühlen würde. Gehe erst zum nächsten Satz, wenn du spürst, dass sich ein Gefühl in dir breit macht.

Was hast du gespürt?

Erleichterung? Leichtigkeit?

Oder Schwere und Angst?

Was auch immer in dir hochgekommen ist, teile deine Erfahrung gerne in unserer FB Community (www.facebook.com/groups/DigitalAcademyLounge). Ich bin mir sicher, du bist nicht die Einzige, die genau diese Gefühle hat.

Also drehen wir doch den Spieß mal um: Am besten nimmst du jetzt ein Blatt Papier und machst eine ganz einfache Liste. Du teilst das Blatt in vier Bereiche ein:

| | Platz für deine Arbeiten, Aufgaben, Erledigungen |
|---|---|
| kann ich, mache ich gern | |
| kann ich, mache ich nicht gern | |
| kann ich nicht, möchte ich lernen | |
| kann ich nicht, möchte ich nicht lernen | |

Nachdem du das Blatt vorbereitet hast, fülle die einzelnen Bereiche aus.

**Schritt 1:**

Liste alle Aufgaben, die du in deiner heutigen Stelle ausübst, auf und ordne sie den entsprechenden Quadranten zu.

**Schritt 2:**

Ergänze mit einer anderen Farbe: Arbeiten, die ich nicht kann, aber lernen möchte.

**Schritt 3:**

Markiere mit einem Textmarker: Arbeiten, die ich gerne tue und gut kann.

**Schritt 4:**

Streiche alles durch, was im 4. Quadrat steht. Denn Arbeiten, die ich nicht kann, aber auch nicht lernen möchte, dürfen keine Rolle im Leben spielen.

Wenn du diese Aufgabe jetzt umgesetzt hast, dann kann ich dir an der Stelle gratulieren: Du hast dir gerade deinen Traumjob als OMA gebacken. Denn genau so funktioniert es.

Ich weiß, Freddy kommt wieder und sagt: „So einfach kann es nicht sein." Doch so einfach ist es.

Die einzigen zwei Hürden, die dich jetzt noch davon abhalten, sind zum einen das klare Ja zu dir selbst und die Frage, wie du jetzt an Kunden kommst.

Aber da gibt es unzählige Strategien.

Die Quick Wins, die schnellen Erfolge und Ergebnisse teilen wir in der FB Community (www.facebook.com/groups/Digital-AcademyLounge) und tiefergehende Strategien natürlich in der Academy.

Also backe dir deinen Traumjob, kombiniert mit deinen Traumkunden. Traumkunden, die deine Fähigkeiten wertschätzen und dir sagen, dass du genau die gute Fee bist, die ihr Business braucht. Mal ehrlich, was kann denn da schief gehen?

Täglich erfährst du Wertschätzung bei der Arbeit. Du hast Spaß wie schon lange nicht mehr. Du kannst deine Fähigkeiten gezielt einsetzen und wächst ständig weiter. Deine Lebensfreude ist zurück und färbt auf deine Familie, deine Partnerschaft und deine Freundschaften ab. Du entdeckst Facetten an dir wieder, von denen du schon gar nicht mehr wusstest, dass sie existieren oder noch viel besser, es kommen Talente zum Vorschein, von denen du gar nicht wusstest, dass du sie hattest.

Deine Arbeit fühlt sich somit leicht und nach Freizeit an. Es gibt keine Trennung mehr zwischen zwei Welten, sondern du bist jederzeit DU. Du in deiner besten, fröhlichsten Version oder wie meine Kollegin Aslihan zu sagen pflegt: „Du in deiner Vollversion."

In deiner Vollversion bist du frei und selbstbestimmt. In deiner Vollversion kannst du jeden Tag neu wählen, wie du es haben willst.

Wenn dir mal der Kopf raucht, legst du die Arbeit zur Seite und gehst in die Natur oder triffst eine Freundin auf einen Kaffee.

Ach nein, das mit der Freundin geht ja nicht, denn sie muss mitten am Tag im Office arbeiten. AUTSCH!

Da haben wir es wieder, warum die Community so wichtig ist. Wer kann schon mitten am Tag Kaffee trinken gehen? OMAs und Online Unternehmer. Alle anderen strampeln gerade weiter im Hamsterrad immer schneller in 9to5, bis sie kollabieren.

Wenn du diese Vollversion von dir leben willst und dieser Lifestyle dich anspricht, dann bist du hier genau richtig.

Hier kommen einige Kriterien, warum genau das deine neue Realität werden kann:

- Du möchtest dein Talent vielseitig einsetzten und stetig weiter wachsen.

- Du möchtest die großen und teilweise verrückten Visionen deiner Kunden mit nach vorne bringen. Auf das nächste Level heben sozusagen.
- Du möchtest das Feuer in dir spüren und du möchtest als Unternehmerin für das Unternehmen deiner Kunden brennen.
- Du möchtest gerne Beziehungen mit Menschen aufbauen, die es zu schätzen wissen, wenn man verschiedene und vielseitige Skills miteinander verbindet.
- Du möchtest die Langeweile im Job abschaffen und endlich all deine Fähigkeiten auf den Tisch bringen. Klein halten war gestern.
- Vielleicht bist du auch Querdenkerin und schaust stets über deinen Tellerrand hinaus. Trau dich, gegen den Strom zu schwimmen!
- Du möchtest mehr vom Leben haben, als das, was du gerade lebst.
- Du bist bereit, stetig dazuzulernen, mitzudenken, ein helles Köpfchen zu sein und liebst es, Online Trends zu verfolgen.
- Du hast die Möglichkeit, diesen Arbeitsmarkt gemeinsam mit uns zu gestalten und weiterzuentwickeln.
- Du willst eine Bereicherung für deine Kunden und auch für dich selbst sein.
- Du hast genug Ehrgeiz, deine Skills zu verbessern und Neues dazuzulernen.
- Du möchtest endlich den Frust und die Unzufriedenheit überwinden, indem du dein komplettes Potenzial frei entfaltest und nicht mehr länger ein kleiner, nichtssagender Motor in einem Unternehmen sein.
- Du möchtest Familie und einen gut bezahlten Job unter einen Hut bringen, ohne große Opfer bringen zu müssen.

- Du träumst davon, deinen Tag selbst zu organisieren und zu gestalten, kannst Deadlines gut einhalten.
- Du hast keine Angst, dich Herausforderungen zu stellen und von Zuhause aus „isoliert" zu arbeiten, denn deine Kontakte werden online, sprich virtuell, sein.

Du fragst dich jetzt bestimmt: „Was brauche ich denn, um zu starten?"

Einen Laptop plus ein Smartphone und irgendwo auf der Welt eine stabile Internetverbindung. Genau zum Start brauchst du genau das. Da ich davon ausgehe, dass du beides bereits schon privat besitzt, kannst du also sofort loslegen.

Du kannst ab heute sofort orts- und zeitunabhängig arbeiten.

Es ist allein deine Entscheidung.

Stell dir mal vor, du könntest einfach mal so für sechs Wochen oder auch länger deine Koffer packen und an einem Ort deiner Wahl eine Workation machen. Das ist eine geniale Kombination von Work (Arbeit) und Vacation (Ferien). Du würdest Reisen und die schönsten Plätze dieser Welt sehen, Freunde besuchen, die du schon lange mal wieder treffen wolltest und gleichzeitig dabei Geld verdienen.

Genau das habe ich jahrelang gemacht mit meinem Digital Nomad Lifestyle. Ich bin wie ein digitaler Nomade von Ort zu Ort gereist und hatte meine Arbeit und meinen Laptop immer mit dabei.

Ein kleiner Tipp am Rande zu Digital Nomad Lifestyle: wenn es dir möglich ist und du gerade startest, starte in einem Land, in dem der Lebensunterhalt viel günstiger ist als bei uns.

So kannst du dir dein Business Schritt für Schritt in Ruhe aufbauen und natürlich besteht auch die Möglichkeit, mit einer Teilselbständigkeit zu starten.

Na, wie fühlt es sich an? Schreit jetzt alles in dir, dass du genau das möchtest, weil das schon lange deine Sehnsucht ist?

Herzlichen Glückwunsch zu deiner Erkenntnis und herzlich willkommen in der Digital Academy!

Aber warum solltest du ausgerechnet in die Digital Academy investieren und es nicht einfach auf eigene Faust durch verschiedene, einzelne Kurse versuchen?

Diese Frage kommt jetzt vielleicht bei dir auf.

Oder aber Freddy meint: „Janaina, mal ehrlich, ich kann doch alles im Internet kostenlos recherchieren und mich einfach als VA/OMA selbständig machen, oder?"

Sicher ist das auch eine Möglichkeit, aber durch die Digital Academy lernst du alles, was deine Kunden brauchen und was wirklich State of the Art, der letzte Stand, ist.

Durch Recherchen und die Teilnahme an den unterschiedlichsten kostenlosen Online Seminaren verschwendest du sehr viel kostbare Zeit. Und du hast auch kein komplettes System an der Hand, sondern nur einzelne Häppchen. Du hast kein Netzwerk, um deine offenen Fragen klären zu können und das Wichtigste überhaupt: du hast auch keinen Kundenpool, auf den du sofort zugreifen kannst. Bis du alle Bausteine einzeln gesammelt hast, sind die anderen schon längst an dir vorbeigezogen.

Eines der wichtigsten Dinge ist die Sichtbarkeit und deine eindeutige Positionierung. Der Online Markt ist schnelllebig und du musst vorne mit dabei sein, wenn du deinen Lebensunterhalt damit ernsthaft finanzieren willst. Du brauchst, wie bereits erwähnt, nicht nur technisches und Online Marketingwissen, sondern du brauchst vor allem Kunden. Und durch deine enorme Sichtbarkeit, das mächtige Netzwerk der Community und durch deine Positionierung lässt sich dieser Stolperstein leicht überwinden.

In der Digital Academy lernst du in den ersten 12 Wochen alles, was du brauchst, um dein eigenes OMA Business zu führen, so auch alle Skills, die gerade am Markt gefragt sind. Nach spätestens 12 Wochen kannst du bereits in die Praxis eintauchen, aber du bist trotzdem nicht alleine. Wir unterstützen dich weiterhin. Denn erfahrungsgemäß kommen die Fragen und die Hürden erst beim Tun. Die gesamte Ausbildungszeit der DA umfasst 24 Wochen.

24 Wochen deshalb, da dieser Zeitraum die kürzeste Distanz ist, in der wir dich ernsthaft am Markt positionieren können und du dich selbstsicher genug fühlst und mit deinem Business wirklich durchstarten kannst. Du sollst dich sicher für die Arbeitswelt fühlen und deinen Kunden einen Mehrwert bieten können. Denn unsere Kunden sind anspruchsvoll.

Ein Grund, warum ich die Digital Academy so liebe ist, weil ich zwei Fliegen mit einer Klappe schlagen kann. Zum einen, dass unsere Kunden, die so händeringend nach dir suchen, endlich professionelle Unterstützung bekommen und zum anderen, weil ich weiß, dass ich dadurch vielen Frauen (oder auch Männern) wie dir, einen Traum vom ortsunabhängigen Business ermöglichen kann.

Ich biete dir eine Arbeitsweise, die flexibel ist, bei der man Familie und Karriere kombinieren kann. Auch werden die Fähigkeiten, die man mitbringt, wertgeschätzt und es ist sehr erwünscht, wenn man proaktiv mitarbeitet und nicht einfach den Dienst nach Vorschrift erfüllt. Hier erfährst du von spannenden Projekten, die dich immer wieder aufs Neue fordern und wachsen lassen.

Und jetzt verrate ich dir auch das einzigartige Erfolgsrezept.

Die Ausbildung in der Digital Academy ist auf 3 Säulen aufgebaut.

**Die MCS Methode:**

M = Mindset und ist 70% deines Erfolges in der Academy

C = Community ist 20% deines Erfolges in der Academy

S = Strategy ist 10%, Technik Tools und so weiter.

Die meisten Ausbildungen und Online Kurse vermitteln dir nur S = Strategie.

Und ganz ehrlich, das kann man nun wirklich auch bei Google finden und sich auf YouTube aneignen.

Es ist bewiesen, dass wir am besten lernen, wenn alle Sinne mit einbezogen werden und das möglichst interaktiv.

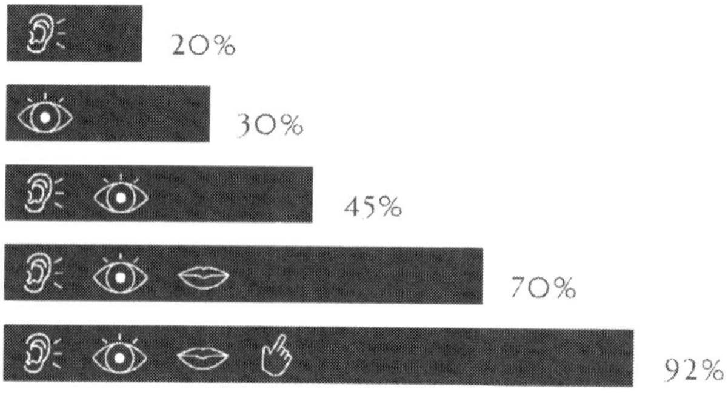


Quelle: https://karrierebibel.de/auswendig-lernen/

Immer wieder kooperiert die Academy mit externen Experten über Themen wie Human Design, Facebook Ads, Personal Branding, Leadership oder Rechtsformen bei Unternehmensgründungen, um den OMAs den Einstieg in die neue Berufswelt noch leichter zu machen. Und das Beste überhaupt: Das komplexe und interaktive Lernen ist auch für dich jetzt schon weltweit online möglich.

Warum ist die Community so einzigartig?

Die Community stärkt die OMAs schon während der Ausbildung und auch danach. Es ist viel einfacher, wenn man den Weg zusammen gehen kann. Jeder von uns hat mal ein Down oder auch Zweifel. Genau da kann man sich an die Community wenden. Oder man zieht einen Kunden oder ein größeres Projekt an Land und plötzlich merkt man, ups, da stoße ich an meine Grenzen. Auch hier kannst du dich an die Community wenden und jemanden mit an Bord holen, der kurzfristig mit anpackt.

Stell dir vor, mit welchem Sicherheitsnetz du in deine Selbständigkeit starten kannst, wenn du jederzeit auf die Schwarmintelligenz der OMAs zurückgreifen kannst. Einfach großartig!

Diese Community hat sich bereits am Markt etabliert und wird von Arbeitgebern sehr geschätzt. Sie wissen, dass sie auf eine Top Shortliste - das sind Listen von passenden Kandidaten, um keine Zeit bei großen Auswahlverfahren und Bewerbungsgesprächen zu verlieren - zurückgreifen können und sich dadurch viele zeitraubende Bewerbungsgespräche sparen.

Durch das Netzwerk können angehende OMAs sehr schnell voll durchstarten, können ihre bisherige Anstellung kündigen oder Stunden reduzieren. Dies ist im Alleingang nicht so schnell möglich.

Die Gründe, warum sich die Teilnehmerinnen für die Academy entschieden haben, sind vielfältig.

Einer der Hauptgründe ist die fehlende Wertschätzung in einem herkömmlichen Beruf. Die Fähigkeiten werden nicht anerkannt und jede einzelne Mehrarbeit wird für selbstverständlich genommen. Die Motivation und die Freude an der Arbeit lassen nach. Die oft negative Stimmung der Mitarbeiter und Mitarbeiterinnen belasten und bremsen die eigene Kreativität aus. Die Anwesenheitspflicht und auch das fremdbestimmte Arbeiten sind sicher auch Gründe, warum man sich gegen den bisherigen Weg und für eine Ausbildung in der Academy entscheidet. Das Allzeit bereit sein, wenn der Chef ruft, und die unflexible Arbeitseinteilung engen sehr ein. Und üblicherweise muss um jede finanzielle Besserstellung förmlich gebettelt werden. Auch der zustehende Urlaub, einzelne freie Tage oder sogar der Abbau von bereits geleisteten Überstunden muss immer mit den Kollegen abgestimmt und vom Chef dann genehmigt werden. Oft kommt es vor, dass man nur 14 Tage am Stück Urlaub nehmen darf anstatt der gewünschten 3-4 Wochen.

Wenn du dich aber in der Community sinnvoll vernetzt, hast du folgende Vorteile:

- exklusive Stellen von wertschätzenden Auftraggebern
- es wird oft nicht nur nach Stunden vergütet, sondern nach Stundenpaketen und teilweise sogar auch mit Umsatzbeteiligungen, was eine wundervolle Win-Win-Situation für jeden ist
- freie Zeiteinteilung deiner zu erledigenden Aufgaben
- professionelle Unterstützung und Hilfeleistung
- ehrliches Feedback für all deine offenen Fragen

# Zukunftsvision

Was erwartet uns mit der Digital Academy in der Zukunft?

Ganz klar möchten wir das führende Bildungsinstitut im deutschsprachigen Raum werden und das Bildungsangebot immer weiter ausbauen.

Solltest du jetzt neugierig geworden sein, dann trage dich hier unten unverbindlich ein und du erhältst alle weiteren Informationen und Neuerungen der Digital Academy und bist somit immer auf dem neuesten Stand!

☟

www.thedigitalacademy.ch

Eines steht hier schon mal fest: Es wird riesig!

# Berufsbild OMA

Das wahre Warum, eine OMA zu werden

Sicher eine der wichtigsten Fragen für alle, ist die Frage nach dem WARUM. Warum wagt man den Schritt in dieses Abenteuer?

In Bezug auf die Wertschätzung und Sinnhaftigkeit der Arbeiten findest du im Online Bereich ganz andere Maßstäbe vor.

Hier werden deine Kreativität und dein Einsatz gefördert und geschätzt. Jeder Kunde ist froh für deine professionelle Unterstützung, die ihm sein Leben erleichtert.

Du kannst dich selbst verwirklichen, deine Ideen und deine Meinung einbringen und diese werden ernst genommen und fallen sogar auf fruchtbaren Boden.

Die Beziehung zu den Kunden ist sehr rücksichtsvoll und basiert auf viel Verständnis und Vertrauen. Deine Arbeit kannst du als gut ausgebildete Fachkraft für jeden Kunden individuell erledigen. Wenn du möchtest, dann kannst du auch wie ein Nomade leben, da es keine Rolle spielt, von wo aus du deine Aufgaben erledigst.

Nur die Deadline und die termingerechte Erledigung aller gestellten Aufgaben müssen unbedingt eingehalten werden.

Was für eine Inspiration! Was für ein WOW-Effekt!

Natürlich sagt dir Freddy vielleicht in dem Moment: „Hey, du bist doch zu alt dafür.

Hey, du bist doch nicht mit diesem Social Mediazeugs aufgewachsen."

Egal!

Das Credo der Digital Academy lautet: Man kann alles lernen, wenn man will!

Mit den richtigen Skills, die am Arbeitsmarkt sehr gefragt sind und noch gefragter werden, kannst du dich in der ersten Reihe positionieren und dir so die Pole Position sichern.

## Laptop Lifestyle, der Lifestyle for Fun

Unter Laptop Lifestyle versteht man die Möglichkeit, von überall aus arbeiten zu können. Du kannst Wartezeiten auf den Bus, den Zug oder das Flugzeug sehr gut für deine Arbeit nutzen, vorausgesetzt, dein Laptop ist dabei. Aber das ist sicher der Fall.

Auch in deinem Lieblingscafé kannst du die Zeit angenehm für dein Business nutzen. Die Vorstellung, gemütlich in der Fußgängerzone bei einem genüsslichen Getränk deiner Wahl zu sitzen und dabei auch noch Geld zu verdienen, das ist ganz sicher Lifestyle for Fun.

Eine weitere Möglichkeit, den Laptop Lifestyle zu genießen ist, wenn du mit deinem Team eine Workation planst. So lernst du deine Kunden oder Mitarbeiter auch einmal persönlich kennen und ihr könnt gemeinsam an Projekten und Ideen in einer wunderschönen Umgebung feilen und arbeiten.

Wenn du ein Mensch bist, der die Sonne und die Wärme liebt, dann könntest du auch mit dem Gedanken spielen, die kalten und nassen Winter in einem fremden Land deiner Wahl, zum Beispiel unter Palmen, zu verbringen. Die einzige Voraussetzung dafür wäre, dass dein Aufenthaltsort ein gut funktionierendes Internet hat.

Oder du brichst überhaupt deine Zelte ab und startest eine Weltreise. All diese Möglichkeiten hast du, wenn dein Business aus deinem Laptop und deiner Kreativität besteht.

Aber welche Vorteile und Begünstigungen hätte ich als Mama bei einem Laptop Lifestyle?

Als Schweizerin kann ich hier ganz klar die Vorteile erkennen. Die Schweiz gönnt jeder Mutter nach der Geburt gerade mal 14 Wochen Mutterschaftsurlaub. In Deutschland und in Österreich ist das zwar anders geregelt, aber in der Schweiz ist das so. Die Familienfreundlichkeit steht hier an letzter Stelle. Wenn man sich für Kinder entscheidet, möchte jede Mutter, und auch jeder stolze Papa, Zeit mit seinen Kindern verbringen und die Entwicklung und ihr Wachsen direkt miterleben.

Als OMA kannst du Familie und den Beruf der erfolgreichen Unternehmerin ganz leicht kombinieren. Ganz egal, ob im Familienurlaub mit dem Wohnwagen oder im Hotel: dein Büro, dein Homeoffice ist immer und überall mit dabei. Wenn die Kinder schlafen und dein Mann seinen Interessen nachgeht, dann kannst du die Zeit nutzen, um für dein Business da zu sein. Oder du lehnst dich einfach mal zurück und genießt die Zeit mit deiner Familie. Mit der Ausbildung in der Digital Academy bieten wir dir Freiheit. Freiheit, eine erfolgreiche Unternehmerin zu sein und zwar orts- und zeitunabhängig.

Viele Wege führen nach Rom und drei Wege führen zur Academy.

**Nummer 1:**

Nach dem Lockdown im Jahr 2020 wurde uns ganz bewusst vor Augen gehalten, wie einfach Homeoffice ist und welche Vorteile man damit hat. Viele Mitarbeiter aus den traditionellen und konservativen Arbeitsbereichen kannten dies noch gar nicht und wurden plötzlich dazu gezwungen. Sie haben damit zwar die Freiheit, von Zuhause aus zu arbeiten, kennengelernt, sind nur leider immer noch gefangen im 9to5 Korsett, also so wie die Bürozeiten nun mal immer noch zu 90% geregelt sind. Viele Teilnehmerinnen haben uns bestätigt, dass dies für sie der Augenöffner war und sie nie mehr dahin zurück möchten. Wir sind überzeugt, dass sich noch ganz viele aus genau diesem Grund bei uns ausbilden lassen werden. Du auch?

Informiere dich jetzt auf www.thedigitalacademy.ch

**Nummer 2:**

Du kannst ab dem Ausbildungsbeginn schon Kunden gewinnen und mit einer Teilselbständigkeit anfangen und somit nebenberuflich dein Business aufbauen. Wahnsinn, oder? Denke aber daran, vorher bei deinem Arbeitgeber abzuklären, ob dies auch möglich ist und beantrage die Erlaubnis zur Nebentätigkeit. Viele Arbeitgeber haben hiermit kein Problem, du bist allerdings verpflichtet, deine nebenberufliche Tätigkeit bei ihm anzugeben. Ein Tipp von mir: Diese Doppelbelastung sollte nicht länger als ein halbes Jahr andauern. Du läufst sonst Gefahr, dass du dich übernimmst und am Ende komplett ausgebrannt bist. Der Vorteil ist jedoch, du hüpfst in die Selbständigkeit ohne das komplette Risiko, sondern kannst es Schritt für Schritt machen.

**Nummer 3:**

Dir ist bewusst geworden, dass du es selbst in der Hand hast, was du wirklich verdienen möchtest. Du kannst endlich deinen Wunsch verwirklichen, sowohl Beruf und Familie perfekt zu kombinieren, als auch die Sinnhaftigkeit im Beruf zu erleben, so wie auch Wertschätzung von der Auftraggeberin zu erfahren. Du verdienst es! Du arbeitest ganz nach dem Motto: „Was du heute kannst besorgen, das verschiebe nicht auf morgen!" und gehst all in mit allem, was du hast. Dies tust du für dich selbst, für deine Kunden und natürlich auch für deine Familie.

Das Fazit ist, dass viele OMAs, die du in diesem Buch kennenlernen wirst, sich ganz klar für den Weg mit der Digital Academy entschieden haben und auch bereits in kürzester Zeit komplett ausgebucht waren. Die OMAs haben durch die Academy alle aktuellen Skills gelernt, aber auch das richtige Mindset entwickelt. Und diese Kombination und die einzigartige Community dazu sind der Garant dafür, dass du deine Traumkunden anziehen wirst.

Also, geh mit uns und hilf mit, den Markt zu revolutionieren!

Dir reicht das noch nicht aus?

Hier liefern wir dir 7 Gründe, warum du dich als OMA selbständig machen solltest:

### 1. Ortsunabhängigkeit

Wie schon der Titel dieses Buches verrät, kannst du dem Büroalltag 9to5 entfliehen und somit deine Ortsunabhängigkeit genießen.

Du liebst die Sonne, das Meer und den Strand? Dann ab in den Süden! Oder wenn ein wunderschönes Chalet in den Bergen zu deinem Traum gehört, dann kannst du es endlich verwirklichen. Die ganze Welt steht dir und deinen Träumen offen.

## 2. Pippi Langstrumpf Lifestyle

Du hast die Freiheit, dir dein Leben so zu bauen, wie es dir gefällt. Mal ehrlich, wer möchte das nicht? Völlig frei von allen Zwängen. In Ländern zu leben, die dir durch deinen Verdienst ein Leben in Luxus ermöglichen. Für 1000€ kannst du in bestimmten Ländern wie zum Beispiel Brasilien, Argentinien, Lettland, Thailand, Vietnam, Kambodscha, Indonesien, nur um ein paar zu nennen, sehr gut und sehr exklusiv zwei Monate lang leben.

Ich stelle mir gerade vor, wie am Abend mein Masseur vorbeikommt und meinen Nacken nach der Computerarbeit massiert oder meine Köchin mir ein wunderbares nationales Gericht zaubert. Beim Blick in den Garten arbeitet der Gärtner an der Rosenhecke und der Pool wird gerade gereinigt. In der Garage poliert mein Chauffeur den Wagen für die nächste Ausfahrt.

Das sind jetzt noch Träume, aber das könnte alles wahr werden. Denn Träume müssen groß sein, damit du sie nicht aus den Augen verlierst, während du ihnen folgst.

## 3. Endlose Gesprächsthemen

Da du jeden Tag neue Abenteuer erleben wirst und neue Erfahrungen machst, hast du automatisch ständig neuen, inspirierenden Gesprächsstoff. Die ganz Familie profitiert davon und in erster Linie die Kinder. Sie lernen ein selbständiges und selbstbestimmtes Leben kennen, das du ihnen vorlebst. Auch deine Freude an der Arbeit wird sie positiv inspirieren. Der Gedanke, dass dein Mann dadurch früher in Pension gehen kann oder seine Arbeit beendet, um dich bei deiner Arbeit zu unterstützen, könnte auch gedacht werden. So gehen die Gesprächsthemen einfach nie aus.

Du wirst vieles nicht in Worte fassen können, da du so ein blitzartiges Wachstum erlebst, das dich selbst sprachlos machen wird.

### 4. Deine Entscheidung

Du kannst immer wieder neu entscheiden, wann und wo du arbeiten möchtest. Viel wichtiger noch, für wen und mit wem du arbeiten möchtest. Du kannst Projekte annehmen, die dich begeistern, bei denen du mit vollem Herzen dabei bist. Das Einzige, was du brauchst, ist ein stabiles Internet.

Schon cool, oder? Einfach mal bei Sonnenschein in dein Lieblingscafé gehen, ein bisschen arbeiten und gleichzeitig die hetzenden Menschen beobachten. Diese Glücksmomente genießen, wahrnehmen und auch zu feiern, wird durch deine Entscheidung für die Academy zu deinem Leben gehören.

### 5. Gleichgesinnte

Hier in der Academy triffst du auf gleichgesinnte Frauen, die mit dir gemeinsam den Weg gehen. Du hast eine Community, die dich an die Hand nimmt und wenn du mal stolperst, dich wieder auf die Beine stellt. Es entstehen wundervolle Kooperationen, Synergien und Freundschaften.

Wenn du eine sogenannte Workation machst, lernst du neue, wundervolle und inspirierende Menschen kennen, die dich mitreißen.

### 6. Ablegen der Zwangsjacke

Wenn du einmal dein Leben so gestaltet hast, wie es dir gefällt, wirst du dies nicht mehr ändern wollen. Diese Zwangsjacke abzulegen, wird für dich die beste Entscheidung sein! Deine Motivation ist auf einer vollkommen anderen Ebene und so erledigst du deine Aufgaben in viel kürzerer Zeit, als du es je für möglich gehalten hättest.

### 7. Spürst du das Kribbeln in dir?

Durch diese Ausbildung sammelst du von Anfang an Erfahrungen, dich selbständig zu machen, ortsunabhängig zu arbeiten und Kunden zu gewinnen. Hier entwickelst du dich persönlich und geschäftlich weiter. Du wirst ein riesiges Wachstum bei dir selbst bemerken. Nicht möglich? Glaube mir, es wird definitiv so sein. Du fühlst dich lebendig und bist verliebt in dein Unternehmen. Dieses Gefühl ist einfach nur der Wahnsinn.

Was willst du jetzt? Beantworte dir diese Frage ganz ehrlich.

Wir haben dir jetzt drei mögliche Wege und sieben verschiedene Gründe aufgezählt, dir deinen Traum zu erfüllen.

Jetzt bist du an der Reihe. Was wünschst du dir für dein Leben?

Denn genau diese Gedanken und Wünsche sind Motivation für dein neues Leben. Triff die richtigen Entscheidungen für dich, denn wenn du nichts änderst, ändert sich nichts.

# Ready for Take Off?

Raus aus deinem Alltagstrott, dies ermöglichen wir dir mit der Academy.

Wer kennt sie nicht, die berühmten Neujahrsvorsätze, die aber erfahrungsbedingt nur ein paar Tage oder Wochen, wenn überhaupt, anhalten. Alle kaufen sie im Januar ein Fitnessabo, weil sie über Weihnachten den leckeren Versuchungen nicht widerstehen konnten, dann voll motiviert ins neue Jahr gestartet, zwei bis drei Wochen intensives Training hinter sich gebracht und dann lässt die Motivation schön langsam wieder nach. Der sogenannte innere Schweinehund hat wieder gewonnen und wir fallen in alte Gewohnheiten zurück. Warum ich das weiß? Weil ich es jedes Jahr im Fitnesscenter beobachtet habe und weil es mir, wenn ich ehrlich bin, auch schon einige Jahre so ergangen ist.

Und genau so ist es auch bei deiner Entscheidung, ob du diesen Schritt wagen solltest oder nicht, ob du springen solltest oder doch besser bei deinen alten Gewohnheiten bleibst. Es ist so wichtig, dass du für dich und deine Träume gehst. Wenn du es nämlich nicht tust, sind deine großen Ziele für die Zukunft so schnell verraucht.

Also triff nun die Entscheidung für dich und dein Online Business!

***Es ist mehr als ein Business, es ist ein neues Leben.***

Du kannst es auf eigene Faust probieren - das ist völlig okay oder du verwendest den Booster der Academy. Wichtig ist, dass du losgehst. Du wärst nicht hier, wenn dich das Thema nicht reizen würde.

Hier habe ich noch einen Tipp für dich, um sofort zur Umsetzung zu kommen, denn das ist ganz wichtig:

Entscheide für dich selbst, wo du arbeiten möchtest, von zu Hause aus oder von unterwegs. Achte aber von Anfang an darauf, dass du deine Ausgaben und deine Fixkosten genau kennst und du darüber Bescheid weißt. Denn so kannst du planen und hast jederzeit den Überblick. Es hilft dir zu entscheiden, ob du dir bestimmte Anschaffungen leisten kannst oder nicht und ob du geschäftlich auf Kurs bist. Aber genau das wirst du in der Digital Academy ganz detailliert lernen.

Das Tolle an dieser Selbständigkeit ist, dass du keine großen Investitionen tätigen musst. Du kannst einfach mit einem funktionierenden Laptop starten. Voraussetzung ist, dass du eine Internetverbindung hast. Wenn dann die ersten Umsätze auf deinem Konto ersichtlich sind, dann kannst du weiter investieren.

Ein Tipp, wenn du von Anfang an investieren willst, dann investiere vorerst in dein Business und in deine Weiterbildung. Denn diese Investitionen kommen sicher wieder zu dir zurück und du profitierst dadurch doppelt.

So, du hast einen funktionierenden Laptop und eine gute Internetverbindung und was möchtest du nun machen? Gute Frage, oder?

Nun darfst du dir überlegen, was dir Spaß machen würde. Worauf möchtest du dich spezialisieren? Denn die Tätigkeiten sind so vielfältig, eine Welt der unbegrenzten Möglichkeiten. Diese Vielfältigkeit stellen wir dir in einem späteren Kapitel noch genauer vor.

Du kannst aber sofort mit klassischen, administrativen Backoffice Tätigkeiten starten oder eben mit dem, was du heute schon gut kannst. So wirst du für den Markt sichtbar und kannst gleich wertvolle Referenzen sammeln.

# Wo findest du Jobs?

Das ist eine der meist gestellten Fragen und deshalb gibt es auch hier die Starthilfe von uns.

Hier zählen wir dir einige Remote Plattformen auf, die Jobs für Freelancer anbieten.

**www.weworkremotely.com**

Die Plattform „Wir arbeiten remote“ ist die größte Remote-Work-Community der Welt. Sie wird von über 2 Mio. Menschen monatlich besucht. Es werden hier auch viele Jobs auf Englisch angeboten.

**www.upwork.com**

Ist sicher die größte Freelancer Jobbörse. Es werden kurzfristige und auch langfristige sowie englischsprachige Jobs angeboten.

**www.freelancer.de**

Ist wie Upwork eine der größten Plattformen. Bietet viele projektbasierte Arbeiten, aber wenige Vollzeitjobs.

**www.fiverr.de**

Kunden von Fiverr freuen sich über gute Leistung für kleines Geld. Wenn du aber gut skalieren und automatisieren kannst, könnte diese Plattform interessant für dich sein.

**www.fernarbeit.net**

Fernarbeit ist eine exklusive Jobbörse für Virtuelle Assistenten und bietet hochwertige Arbeit. Auch Arbeitgeber können hier kostenlos Jobs anbieten.

**www.twago.de**

Twago ist das deutsche Äquivalent zu den Plattformen Upwork oder Freelancer. Nach Erstellung eines Profils kannst du dich für Projekte bewerben, die dich interessieren.

**www.cloudpeeps.com**

Bietet eine große Anzahl von projektbasierten Aufträgen. Mit deinem eigenen Profi kannst du dich für neue Jobs bewerben.

**www.worknsurf.de**

Angebote für ortsunabhängige Jobs für Freelancer und digitale Nomaden.

Du solltest zudem wissen, dass es deutsch- aber auch sehr viele englischsprachige Plattformen gibt. Die Qualität der Bezahlung kann bei dieser Art der Jobvermittlung sehr stark variieren.

Das Tolle ist aber, dass immer transparent kommuniziert wird, was der Auftraggeber bereit ist, zu bezahlen. Gleichzeitig kannst du auch ein Profil hinterlegen und deinen Stundensatz auflisten. Somit kauft keiner der Parteien die Katze im Sack.

*Dazu ein Tipp:*

Achte ganz genau auf deinen Selbstwert! Was sind du und deine Arbeit wert?

Zu Beginn kannst du natürlich deine Arbeit auch für weniger Geld anbieten, sodass du einfach ins Tun kommst und Erfahrungen sammelst. Dies ist für dein Portfolio ein absolutes Nonplusultra, um neue Auftraggeber von dir zu überzeugen. Denn so zeigst du, was du alles schon gemacht hast und was du wirklich kannst.

Mittel- und langfristig solltest du aber einen angemessenen Stundensatz nehmen, von dem du anständig leben kannst.

Zum Thema Stundensatz möchte ich noch Folgendes anmerken: Dieser berechnet sich nicht danach, ob du ein abgeschlossenes Studium hast oder nicht. Es zählt die Arbeit und der Mehrwert, den du deiner Kundin bietest. Und diesen Mehrwert wird sie dir gerne bezahlen. Denn wenn sie ihren Feierabend mit der Familie, den Freunden oder beim Sport verbringen kann und ganz genau weiß, dass die angefallene Arbeit dennoch erledigt ist, dann ist dir die Anerkennung und die Wertschätzung ihrerseits sicher.

## Exklusive Jobplattform

Die findest du nur bei uns in der Digital Academy. Ja genau, wir haben auch Jobangebote und das Großartige ist, dass dies alles Auftraggeberinnen sind, die es wertschätzen, eine OMA zu bekommen. So gibt es auch nur sehr wenige Preisverhandlungen, denn unsere Auftraggeberinnen wissen, was du wert bist und bezahlen deinen Preis. Plus, du bist von Anfang an in der engeren Auswahl, da sie um die Qualität der OMAs wissen.

## Du bist Freelancer

Ja genau, das bist du. Nur ganz ohne Papierkram geht es nun auch wieder nicht. Es ist wichtig, dass du ein Gewerbe anmeldest. Erkundige dich bei den zuständigen Stellen darüber, denn es gibt für jedes Land unterschiedliche Vorgaben.

In der Digital Academy lernst du von der

- Beantragung des Gründungszuschusses über
- wie funktioniert das mit der Buchhaltung
- die Bestandteile einer Rechnung bis hin
- zum Geschäftskonto
- dem 10-Konten-Modell über
- Verträge und Onboarding
- Passwort-Tresore

alles, was für dich zum Starten wichtig ist. Also sei beruhigt, du stehst damit nicht alleine da. Das fachkundige Team steht dir immer zur Seite.

# Der Start

Hier gibt es von uns die 7 Schritte, die dir beim Start in deine neue berufliche Freiheit helfen:

1. Als VA brauchst du einen Gewerbeschein, das heißt, du gehst zum Gewerbeamt deiner Stadt und meldest ein Gewerbe an.

2. Für das Finanzamt muss dann der Fragebogen zur steuerlichen Erfassung, den du dir ganz einfach aus dem Internet herunterladen kannst oder der vom Finanzamt automatisch zugeschickt wird, ausgefüllt werden. Du erhältst dann deine Steuernummer.

3. Wenn du voll selbständig startest, musst du dich bei einer gesetzlichen oder privaten Krankenkasse anmelden und dich selbst versichern. Auch ist der Abschluss einer Vermögensschadenhaftpflichtversicherung sehr empfehlenswert.

4. Nun suche dir verschiedene Dienstleistungen aus, die du anbieten möchtest, denn das Tätigkeitsfeld der virtuellen Assistenz ist vielfältig. Hierzu gibt es in der Digital Academy mehrere Videos.

5. Kunden finden

Dafür sind folgende Schritte und Überlegungen wesentlich:

- Wer ist dein Traumkunde? Für wen möchtest du arbeiten?
- Auf welcher Plattform findest du deine Kunden (FB, Instagram, LinkedIn, XING, Pinterest, TikTok, YouTube)

- Erstelle dir Business Profile auf diesen Portalen
- Früher oder später kannst du dir auch eine Webseite zulegen
- Gestalte ein professionelles Portfolio für Bewerbungen
- Melde dich in einigen FB Gruppen für VAs an

***Noch ein wichtiger Tipp von mir:***

Wenn du einen Traumkunden hast, gehe proaktiv auf ihn zu und schicke ihm einfach deine Bewerbungsunterlagen. Informiere auch sofort dein persönliches Umfeld und deine Freunde auf Facebook, dass du als virtuelle Assistentin startest und was genau du anbietest. Denn deine Freunde werden dich gerne weiterempfehlen.

Das können sie aber nur tun, wenn sie wissen, was du tust. Viele unserer OMAs haben so in kurzer Zeit gleich die ersten Kunden an Land gezogen, dazu kamen dann noch die intern vermittelten Jobs und, schwupsdiwups, waren sie ausgebucht. So einfach kann es gehen, wenn du es dir erlaubst.

6. Stundenlohn

Hier eine pauschale Aussage zu treffen, ist sehr schwierig.

Einige OMAs rechnen in Stundenpakten ab, andere bieten Pauschalabrechnung für bestimmte Projekte oder erbrachte Leistungen an.

Suche hier die richtige Abrechnung für dich und erstelle dir eine gute, saubere Kalkulation deiner Einnahmen und deiner Ausgaben, damit du immer alles genau im Blick hast.

Wenn du Hilfe brauchst, hol dir hier unseren HOW2START Kurs. Hier hast du alles Wichtige in Kürze, um sofort in Eigenregie loszulegen.

www.thedigitalacademy.ch/raketenstart-workshop

Was wir dir nicht unbedingt empfehlen: Wenn du zu Beginn noch nicht so viel Erfahrung mitbringst, kannst du schnell dazu verleitet werden, deinen Preis etwas niedriger zu gestalten, und die Option vereinbaren, dass der Stundenlohn später angehoben wird. Das ist zwar total okay, aber aus der Erfahrung und Rückmeldung der OMAs kann ich sagen, dass es sich eher schwierig gestaltet, im Nachhinein nachzuverhandeln. Überlege dir gut, wie du hier vorgehen möchtest.

Viel besser ist es, einen Projekt- oder Paketpreis zu verlangen und dann, bei längerer Zusammenarbeit, eine monatliche Pauschale zu vereinbaren.

Die monatliche Pauschale bringt den Vorteil, dass die Unternehmerin genau weiß, was sie budgetieren muss und sie erlebt keine bösen Überraschungen und du als OMA weißt auch ganz genau, was am Ende des Monats reinkommt. Gerade am Anfang kann man mit Monatspauschalen seine Businessentwicklung besser einschätzen. Wenn wieder einmal Investitionen anstehen oder eine größere Rechnung in der Post liegt, ist das Herzklopfen nicht so groß, da man ja seinen Cashflow, seine zur Verfügung stehenden Mittel, kennt.

Bedenke auch, dass dein Preis die Qualität deiner Leistung signalisiert.

Verkaufe dich bitte niemals unter Wert. Es tut dir nicht gut und schadet auch der ganzen Branche.

7. Done Is Better Than Perfect

Denke nicht zu viel darüber nach, denn du musst am Anfang nicht alles perfekt machen.

Wenn du diese 7 Schritte der Reihe nach erledigt hast, dann geh raus und zeige dich, bewirb dich, fang einfach an. Vieles wirst du auf dem Weg lernen und das geht am besten, wenn du den Weg einfach gehst. Und bei Fragen gibt es ja die Community, die dich unterstützt.

Hier kannst du der FB Community beitreten.

☟

www.facebook.com/groups/DigitalAcademyLounge

# Die Bewerbung

Als Virtuelle Assistenz musst du dich für Jobs bewerben und die Konkurrenz ist sehr groß. Hier gilt es, aus der Masse herauszustechen.

***Deshalb habe ich hier einige wertvolle Tipps für dich, wie du ganz bestimmt von deinen Kunden gesehen und wahrgenommen wirst:***

1. Schreibe deine Bewerbung, wenn möglich, per E-Mail und nicht per Facebook Messenger. Wenn du mit der Interessentin nicht auf Social Media befreundet bist, landet deine Nachricht bei den Nachrichtenanfragen. Die wenigsten schauen dort nach. Gehe hier schon die Extrameile, finde die E-Mail Adresse des Kunden heraus und bewirb dich mit einer ansprechenden E-Mail samt Portfolio.

2. Mache die Kundin neugierig. Verwende einen auffallenden Betreff. Gewinne ihr Interesse, sodass sie beim Lesen der Betreffzeile direkt auf die Mail klickt, weil sie wissen will, wer oder was sich dahinter verbirgt.

3. Verwende keine klassischen Floskeln aus früheren Bewerbungen. Du bist Unternehmerin, dein Gegenüber ist Unternehmerin. Du bittest nicht um einen Job, sondern du bietest deine Dienste an. Das ist ein Unterschied.

Komm zum Punkt und rede nicht zu viel über dich, sondern lass die Kundin erkennen, welches Problem du für sie lösen kannst, wenn sie sich für dich entscheidet. Bring in den Text gerne Kreativität und deine eigene Persönlichkeit mit rein.

4. Tritt nach außen als Unternehmerin auf. Dazu gehört eine professionelle E-Mail Adresse (also nicht lisa.muster@gmx.de, sondern lisa@lisamuster.com oder kontakt@valisamuster.de). Zu einer Bewerbung gehört auch ein professioneller Abschluss und dieser muss eine professionelle Signatur am Ende deiner E-Mail enthalten. Diese besteht aus deinem Namen, deinen Kontaktdaten und Links zu deiner Internetpräsenz. Vergiss nicht, es gibt keine zweite Chance für den ersten Eindruck.

5. Lege bitte auf keinen Fall einen Lebenslauf bei. Erstelle dir ein grafisch ansprechendes Portfolio, das alle deine Skills enthält. Wie man ein perfektes Portfolio erstellt, lernst du im HOW2START Kurs und kannst dann sofort loslegen.

www.thedigitalacademy.ch/raketenstart-workshop

6. Ein Vorstellungsvideo ist die Königsklasse aller Bewerbungen. Der potenzielle Arbeitgeber kann sich einen persönlichen Eindruck vor dir machen. Du kannst deine Persönlichkeit präsentieren und gewinnst damit Sympathiepunkte. Zudem stichst du aus der Masse an Bewerberinnen heraus, denn die Mehrheit der VAs traut sich nicht, sich per Video vorzustellen. Dabei muss es keine perfekte Produktion sein, ein einfaches Handyvideo reicht aus.

***Ein guter Tipp: nicht länger als 2 Minuten***

Denn dein Kunde hat wenig Zeit, umso präziser und klarer du auf den Punkt kommst, umso besser.

Und vergiss nicht: „Nicht perfekt ist perfekt!“

Erfolg ist kein Glück oder Zufall. Erfolg ist System.

Sichtbarkeit am Markt und online ist ein sehr wichtiger Baustein. Sorge dafür, dass du auf den Remote Plattformen, die wir dir vorhin im Kapitel Wo findest du Jobs? vorgestellt haben, sichtbar wirst. Ein seriöser und gepflegter Auftritt sowie ein gut überarbeitetes Profil auf Social Media ist sehr wichtig. Stelle sicher, dass dein Portfolio steht und zu dir passt. Wenn du bereits eine Webseite hast, dann schau auch da, dass sie perfekt gestaltet ist und immer aktualisiert wird. Zu Beginn ist aber eine eigene Webseite nicht unbedingt erforderlich. Du kannst ohne Webseite starten und sogar ausgebucht sein. Aber wenn du eine Webseite hast, dann muss diese ordentlich rocken.

Und schon wieder kommt die Frage: Wie mache ich das? Aber auch dies lernst du bei uns in der Academy.

Weitere Punkte sind die Soft Skills, die Sozialkompetenzen, denn hier geht es um deine Art und Weise, über Dinge zu sprechen, deine Körperhaltung und deine Einstellung bestimmten Ereignissen gegenüber. Hier kommt es sicher auch auf deine Ausgangssituation an. Wo du lebst, wie du lebst, wie deine familiäre Situation aussieht, sind nur einige Beispiele dafür.

Nur weil du in einem Land mit niedrigeren Lebenshaltungskosten lebst, solltest du nicht zu Dumpingpreisen arbeiten. Zum einen, weil es nicht gut ist für dein eigenes Geldbewusstsein und zum anderen drückt es auch die Preise am Markt. Stelle also sicher, dass du die gängigen Marktpreise kennst und clever verhandelst. Ja, du hast richtig gelesen, du musst verhandeln lernen. Du kannst Freddy jetzt schon sagen, dass er sich keine Sorgen machen muss. Natürlich lassen wir dich hierbei nicht im Regen stehen, sondern zeigen dir auch hier in der Academy Schritt für Schritt wie es geht.

Durch die Arbeit an deinem Mindset steigert sich dein Selbstbewusstsein und dein Selbstwert, dass du, auch wenn du noch keine Erfahrungen und Referenzen (Testimonials) vorweisen kannst, dich nicht zu billig verkaufst. Du arbeitest direkt an dir selbst, damit du von Anfang an nicht über deine Preise diskutieren musst. Es ist uns immens wichtig, dass unsere OMAs sich gut am Markt etablieren können und auch ein faires Entgelt für ihre hochwertige Arbeit bekommen. Du lernst daher, deinen Wert zu erkennen und für diesen einzustehen. Denn wenn du weißt, was du wert bist, wirst du dir nie mehr Sorgen machen müssen, dass du deine Rechnungen nicht bezahlen kannst.

***Hier ein weiterer Tipp:*** Fokussiere dich unbedingt auf das Resultat für deine Kunden und nicht einfach nur auf den Prozess. Das bedeutet, dass dir das Business deines Kunden genauso wichtig sein und am Herzen liegen sollte, als wäre es dein eigenes. Nur so kannst du gute Ergebnisse erzielen. Es lohnt sich immer, für den Kunden eine Extrameile zu gehen. Dadurch erhältst du ausgezeichnete Referenzen und entwickelst dich immer weiter. Und mit diesen Referenzen kannst du dann dein Portfolio erweitern und ergänzen.

Sorge für Transparenz

Wie mache ich das? Ganz einfach, arbeite von Anfang an mit einem Zeiterfassungstool, wie zum Beispiel Toggl. Dies ist eines von vielen Tools. Tools wie Lastpass, Adblocker, Evernote Web Clipper, Momentum, Greatsuspender, Onetab und Loom werden dir deine Arbeit erleichtern. Schau sie dir an und entscheide für dich, mit welchem du gerne arbeiten möchtest.

## Finde das passende Zahlungssystem

Als nächstes solltest du dir überlegen, wie deine Kunden dich bezahlen werden. Ganz klassisch geht das natürlich über das normale Bankkonto. Solange du wenige Kunden mit einem großen Volumen betreust, kannst du selbst eine Rechnung ausstellen. Das mache ich heute noch so und viele OMAs auch.

Wenn du hingegen viele kleinere Kunden hast, solltest du dir Gedanken machen, wie du deine Prozesse optimieren kannst, um dir das Rechnungstellen zu ersparen. Paypal, Digistore24 und Elopage können für dich gute Alternativen sein, die automatisiert für dich abrechnen. Ja, sie nehmen eine Gebühr dafür, nehmen dir aber sämtliche Details rund um Mehrwertsteuersätze in unterschiedlichen Ländern ab.

Denke daran, dich zu informieren, ab wann du in deinem Land mehrwertsteuerpflichtig wirst und welche steuerlichen Angaben auf deinen Rechnungen ausgewiesen werden müssen, wenn du sie selbst schreibst.

## Was willst du jetzt genau?

Du darfst schon ganz am Anfang für dich entscheiden, welche Aufgaben du für deine Kundinnen erledigen möchtest. Was macht dir Spaß? Welche Tätigkeit lebst und liebst du? Du hast dich schon entschieden, diesen Weg zu gehen. Dann ist es jetzt essentiell, dass du Klarheit darüber bekommst, was du wirklich machen möchtest.

Am besten konzentrierst du dich auf Aufgaben, die du gut kannst und gerne tust. Wenn du noch am Anfang stehst, dann berücksichtige auch die Aufgaben, die du unbedingt in der Praxis umsetzen möchtest und die dich total reizen. Wichtig ist, der Kundin ehrlich zu kommunizieren, dass du total Lust darauf hast, dich auch schon theoretisch damit auseinandergesetzt, aber eben noch nie an einem echten Beispiel ausgeführt hast.

Später wirst du auch merken, dass du dich weiterentwickelst und vielleicht einige Aufgaben schon zur Routine und somit langweilig geworden sind. In so einem Fall ist es gut, ein Netzwerk zu haben, damit man Sachen, die man nicht mehr gerne tut, an eine Kollegin weitervermitteln kann. Natürlich immer unter der Voraussetzung, dass du dies transparent gegenüber deiner Kundin kommunizierst. Insbesondere wenn du mit vertraulichen Daten deiner Kundin arbeitest, darfst du nicht einfach eine weitere OMA als Subunternehmerin reinnehmen. Das musst du unbedingt immer vorab mit deiner Kundin vereinbaren. Aber ansonsten gilt, wenn dir etwas so gar keinen Spaß macht, gib es an eine Kollegin ab, die dafür brennt und dies gerade gerne macht.

Oft wachsen Unternehmen so rasant und schnell, dass du mit deiner Arbeit und deinem Einsatz nicht alles abdecken kannst. Deshalb sind Strukturen und Prozesse, die dich unterstützen und dir helfen, von Anfang an sehr wichtig. So kannst du auch bestimmte Prozesse durch unterschiedlichste Tools automatisieren und dir somit Zeit und Energie sparen.

Was meine ich mit Automatisierung? Du kannst zum Beispiel Kalender Tools, Zahlungstools, Projektmanagement Tools oder E-Mail-Marketing-Tools verwenden. All diese Tools und noch viele mehr, erleichtern dir deine Arbeit und können viele Prozesse durch einmalige Bearbeitung vollständig automatisiert durchführen. Ein

Beispiel dafür wäre eine Dankes-E-Mail, die der Kunde nach Eintragung in ein Anmeldeformular automatisch erhält. Und in dieser Form können komplette Versandabläufe im Vorhinein geplant und umgesetzt werden.

Viele deiner Kunden werden es begrüßen, damit zu arbeiten.

Und wenn auch dein Unternehmen immer größer wird, dann wirst auch du in die Situation kommen, gewisse Bereiche abzugeben. Dann darfst du dir eine OMAs suchen, die dich entlastet und die für dich arbeiten wird. Daran hast du bestimmt noch nicht gedacht, oder? So hast du die Möglichkeit, deine Spezialisierungen zu erledigen und deine OMAs können andere Dinge für dich bearbeiten. Deine Möglichkeiten sind unbegrenzt.

Also mach dich ran, finde deine Klarheit und deine Positionierung!

# Das Team - die Digital Academy stellt sich vor

## Janaina von Moos

Gründerin & Visionärin

Ich bin Janaina von Moos und habe mich bereits in meinen frühen zwanziger-Jahren selbständig gemacht. Privat bin ich verheiratet und stolze Mama eines Sohnes.

Innerhalb von 12 Jahren habe ich bereits fünf Unternehmen aufgebaut.

Diese Unternehmen wurden so erfolgreich, dass ich die anfallenden Arbeiten nicht mehr allein bewältigen konnte. Ich musste daher mein Team vergrößern. Früher hatte ich, ganz klassisch, Festangestellte und ein fixes Büro. Dies entsprach aber alles andere als meinem gewünschten Lifestyle, ich hatte mir damit mein eigenes Hamsterrad gebaut. Als ich 2012 das erste Mal seit 3 Jahren Urlaub hatte, konnte ich überhaupt erst wieder klar denken. Ich saß am Strand der Copacabana, ausgelaugt vom vielen Arbeiten und dann fiel mir das Buch „Die 4-Stunden Woche" von Timothy Ferriss in die Hände. Es war sofort um mich geschehen. Der erste Impuls: Genau das ist es!

Ich wollte ebenfalls mit dem Laptop um die Welt reisen und von dort arbeiten, wo ich gerade war, als digitale Nomadin. Kaum hatte ich diese Entscheidung getroffen, habe ich meinen Geschäftspartner informiert. Ich dachte er würde genauso begeistert sein wie ich. Weit gefehlt. Also habe ich nach 6 Monaten das Unternehmen verlassen und bin losgezogen.

Endlich war ich frei. Ich habe meinen großen Rucksack gepackt, Laptop und Akku sicher verstaut und somit konnte das Abenteuer starten.

Auf diesen Reisen habe ich tolle und gleichgesinnte Menschen kennen gelernt. Durch die Community, die mich bestärkt hat in meinem Vorhaben ist mein Unternehmen von der One-Woman-Show schnell gewachsen. So kam es, dass ich bald den ersten virtuellen Assistenten einstellte.

Diese Art, mit Freelancern zu arbeiten, kannte ich bereits aus dem englischsprachigen Raum und sie hat mich von Anfang an begeistert. Seit diesem Tag hatte ich immer die Idee, dass es doch im deutschsprachigen Raum auch solche Menschen geben müsste. Aber meine Recherchen ergaben, dass dies hier noch nicht so etabliert und sogar weitestgehend unbekannt war.

Auch habe ich die Erfahrung gemacht, dass die virtuellen Assistenten, die bereits ihre Arbeit angeboten haben, nicht auf dem Level waren, das ich als Unternehmerin voraussetzte und erwarte. Als Online Businessinhaberin brauche ich Leute mit einem Verständnis für Online Marketing und einer Affinität für Technik.

So habe ich meine Mitarbeiter immer selbst angelernt. Durch das schnelle Wachstum kam ich jedoch kaum hinterher, die Leute auszubilden. Zudem hatte sich am Markt auch eine immer größere Nachfrage für solche Arbeitskräfte entwickelt. Zuerst waren es meine eigenen Kunden, die ein Team aufbauen wollten und dann kamen auch Berufskollegen dazu. Du kannst dir sicher vorstellen, dass mich das sehr viel Zeit, Ressourcen und auch Geld gekostet hat. Damit es sich aus meiner Sicht, aus der Sicht des Unternehmers, aber lohnte, musste sich langfristig etwas ändern.

Dadurch dass die von mir ausgebildeten Assistentinnen bei meinen eigenen Kundinnen sehr gefragt und auch immer sofort ausgebucht waren, kam ich zu dem Schluss, dass die Assistentinnen, die ich ausgebildet hatte, einen viel höheren Stellenwert am Markt hatten.

Nach unzähligen Gesprächen und Recherchen habe ich erkannt, dass es bisher keine spezielle Ausbildungsmöglichkeit für Virtuelle Assistenten gibt. Diese hatten sich ihr Wissen nur mühsam in verschiedenen Online Kursen, mit YouTube Videos oder von Online Seminaren angeeignet. Es fehlte eindeutig eine komplette, allumfassende Ausbildung für diesen neuen Berufszweig, die die Menschen marktgerecht und praxisorientiert ausbildet.

Und so entstand bereits im Jahr 2018 die Idee, die Digital Academy zu gründen. Ich hatte damals schon einige Online Unternehmen aufgebaut, in denen ich unter anderem meinen Kunden bei der Transformation von einem Offline Business in ein Online Business geholfen habe.

Damals hat mir aber meine innere Stimme zugeflüstert und auch meine Vernunft hat sich zu Wort gemeldet, ich solle doch zuerst die bereits gestarteten Projekte abschließen und mich erst dann erst in ein neues Abenteuer stürzen. Normalerweise bin ich der Typ Mensch, der alles auf einmal machen möchte. Aber bei diesem Projekt habe ich schon gespürt: Das wird riesig! Und so hörte ich auf meine innere Stimme und war vernünftig. Ich nutzte die Zeit, um mit meinem Mann ein richtiges Konzept dafür zu entwickeln und alles strategisch genau zu planen.

Und im Frühjahr 2020 war es dann endlich so weit: Der Startschuss für die neue Digital Academy konnte erfolgen.

Und dass dann genau dieses Jahr so ein komplett anderes Jahr werden würde, das hat niemand wissen können. Aber im Nachhinein betrachtet, war es für die Gründung der Digital Academy der ideale Zeitpunkt. Wir haben die Krise als Chance für uns genutzt und für viele Menschen, die jetzt für sich die Möglichkeiten und Inspiration des Homeoffice erkannt hatten.

Durch die Academy hat sich mein Leben definitiv sehr verändert. Mir wurde so richtig bewusst, wie schnell ich ein erfolgreiches Unternehmen aufbauen kann. Und dieses Wissen bestätigt mich in meiner Arbeit. Durch meine langjährige Erfahrung in diesem Bereich spüre ich den Markt und nehme auch ganz speziell wahr, was gerade angesagt ist und was gebraucht wird. Es ist für mich auch eine innere Erfüllung und Befriedigung, dass ich Menschen durch diese Ausbildung helfen kann, aus dem Hamsterrad ihres Lebens auszusteigen. Und dieses Gefühl ist nicht mit Geld aufzuwiegen.

Die Gedanken an all die Frauen, die ich durch die Zeit in der Digital Academy begleiten durfte und auch noch darf, zaubern mir ein Lächeln ins Gesicht. Irgendwie fühle ich mich als Mama der OMAs, die voller Stolz auf die Entwicklung jeder einzelnen blickt.

Wenn ich sehe, wie diese Frauen aus sich herauswachsen, mutiger werden und immer mehr an sich glauben, bringt mich das aus dem Staunen gar nicht mehr heraus.

Jeden Morgen wird mir bewusst, dass ich bei diesen Frauen nachhaltig etwas verändere oder den Impuls setze, dass sie bei sich etwas verändern. Und das ist der wahre Hintergrund für mein Tun und gibt meinem Unternehmertum seine Sinnhaftigkeit. Das ist viel, viel mehr als nur Gewinn oder Umsatz zu erwirtschaften.

Und die dadurch entstandenen Beziehungen sind bei weitem keine klassischen Kundenverhältnisse. Aus diesen Beziehungen entwickeln sich Freundschaften, die Mädels gehen den Weg gemeinsam, unterstützen sich gegenseitig und tauschen sich aus. Und gerade bei Frauen, die sich in ihrem Leben immer zurückgenommen, nie ihre Bedürfnisse in den Vordergrund gestellt und auch nicht an sich geglaubt haben, ist die Entwicklung enorm groß. Sie blühen auf und nehmen endlich ihren Platz ein.

Und genau das ist mein Warum, warum mir diese Arbeit so viel Freude macht und ich jeden Tag mit Begeisterung dabei bin.

Und mit diesem wunderbaren Gefühl, kombiniert mit meinen Werten, wie Vertrauen, Loyalität, Ehrlichkeit, Transparenz und Co-Kreation, baue ich meine Unternehmen auf. Das sind die wichtigen Säulen, auf die es ankommt. Aber auch Nachhaltigkeit ist mir sehr wichtig. Mir liegt ein nachhaltiges Verhältnis zu meinen Kunden sehr am Herzen. Ich mag keine Eintagsfliegen und schon gar keine Geschichten, die nicht funktionieren.

Das Ziel ist definitiv, dass die Digital Academy das Bildungsinstitut Nummer 1 für digitale oder Onlineberufe wird. Das ist ein riesiges Ziel und das macht mir auch manchmal Angst, weil es noch so neu und manchmal nicht greifbar ist. Aber meine Vision ist es, wenn es in ein paar Jahren darum geht, herkömmliche Ausbildungen zeitgerechter zu gestalten, dass die Digital Academy dann die erste Anlaufstelle sein muss.

Bist du zum Beispiel noch ein klassischer Buchhalter, Steuerberater oder eine Sekretärin und du möchtest tiefer in die Onlinewelt eintauchen, dann willst du das nur über die Digital Academy machen. Etwas anderes würde dir gar nicht in den Sinn kommen.

Aber auch andersherum, dass die Arbeitgeber ihren Angestellten die Möglichkeit bieten, sich durch eine Weiterbildung in der Digital Academy auf den aktuellen Stand zu bringen und einen Teil der Kosten dafür übernehmen. Denn auch die Arbeitgeber müssen jetzt erkennen, dass sich die Zeiten ändern und sie in ihre Mitarbeiter investieren müssen, um konkurrenzfähig zu bleiben.

Sicher gibt es Menschen, die nicht zu 100% im Homeoffice arbeiten möchten und bei denen es auch aus betrieblicher Sicht gar nicht möglich ist, aber ich bin davon überzeugt, dass eine Kombination aus Büro und Homeoffice nicht nur ideal, sondern auch die Zukunft ist. Frauen können die Zeit mit ihren Kindern nutzen, denn die Kinderbetreuung wäre viel einfacher zu organisieren, oder der tägliche Stau auf dem Weg zur Arbeit würde entfallen.

Ich habe eine Vision, dass die Arbeitgeber in dieser Hinsicht viel flexibler werden, denn diese besondere Zeit schreit förmlich danach und verlangt ein klares Umdenken.

Die Digital Academy steht auch nicht still. Für die Zukunft sind noch so viele weitere Geschäftszweige geplant, noch weitere Ausbildungsformate und auch weitere Dienstleistungen werden wir einführen. Das Angebot wird immer größer und breiter gefächert sein und bietet genau die Grundlage, die man als Online Management Assistant in der heutigen Zeit braucht.

Diese großen Ziele und Visionen waren nicht plötzlich da, nein sie sind im Laufe der Jahre Schritt für Schritt entstanden. In meinem Leben gab es auch Zeiten, in denen nicht immer alles geradeaus lief. Aber rückwirkend betrachtet, waren gerade diese Zeiten ein sehr guter Lehrmeister für mich.

So war 2015 ein großer Wendepunkt in meinem Leben. In meiner damaligen Beziehung kriselte es. Dieses Ungleichgewicht und das viele Arbeiten führten zu gesundheitlichen Problemen. Du kannst dir sicherlich gut vorstellen, dass dies auch Auswirkungen auf mein Business hatte. Und es kam dann so, wie es kommen musste, und alles brach auseinander. Ich war am Boden. Und ja, in dieser Situation, wenn alles verloren scheint, dann gibt es nur zwei Möglichkeiten: Du kannst dich verkriechen, jammern und in der Opferrolle versinken oder du stehst auf, betrachtest die Situation aus der Vogelperspektive und überlegst dir genau, wie du weiter machen willst. Ich habe mich damals für Zweites entschieden und mein Leben komplett auf den Kopf gestellt. Mir wurde klar, mit welchen Menschen ich mich umgeben möchte und wie meine Partnerschaft sein sollte. Aber auch das, was ich nicht mehr möchte, wurde mir klar gespiegelt. Damals habe ich sehr viel gearbeitet und ich war ja auch erfolgreich. Aber mein Körper spielte irgendwann nicht mehr mit und so wurde mir bewusst, dass ich unbedingt etwas ändern musste. Denn dieses Leben, das nur aus Arbeit bestand, war sicher nicht das, was ich mir vorgestellt hatte. Wenn du aber mit Passion und Leidenschaft an der Sache dran bist, so wie ich damals, besteht die Gefahr, dass du dich und deinen Körper vergisst.

Früher habe ich auch Geschäfte mit Kunden gemacht, die nur lukrativ waren, bei denen aber die Verbundenheit gefehlt hat. Nur auf das geschäftliche zu achten und dabei das Menschliche zu vergessen, hat mich auf Dauer nicht erfüllt und es fühlte sich einfach nicht gut an. Diese Erkenntnis habe ich in meinen schweren Jahren bekommen. Erst in dieser Krisenzeit habe ich den Weitblick entwickelt, all das zu hinterfragen und zu analysieren.

Damals haben sich meine Werte klar herauskristallisiert. Das Finanzielle ist in den Hintergrund getreten und steht bei mir nicht mehr im Fokus. Ja, es gehört zum Business dazu, ganz klar, aber ich habe erkannt, dass es auch andere, ebenso wichtige Dinge gibt, auf die es ankommt.

Diese Dinge wurden mir auf meinen vielen Reisen, ich war ja lange in Südostasien unterwegs, immer klarer. Dort wurde ich mit der asiatischen Kultur vertraut und konnte für mich so viel mitnehmen. Meditationen, Ecstatic Dance, Chakraheilungen, verschiedenste Körperarbeiten, vegane Ernährung, eine Reise nach innen und auch Yoga haben mich viel sensitiver gemacht. Ich habe erkannt, dass ich nicht mehr ein Produkt meiner Umgebung bin, sondern mein Leben selbst steuern kann. Meine Weltanschauung hat sich dadurch massiv verändert.

Die Uhren ticken in Südostasien ganz anders und dieses Lebensgefühl, diese Entschleunigung habe ich für mich mitgenommen. Es gelingt mir zwar nicht immer, aber ich merke sofort die Signale und schalte dann einen Gang zurück und nehme die Hektik aus der Situation.

Me Time steht seither immer wieder auf meinem Terminkalender, denn es ist so essenziell, sich für seine Bedürfnisse und für seine Wünsche und Träume Zeit zu nehmen. So wie eine kleine, zarte Pflanze eben ihre Zeit braucht, um gedeihen und wachsen zu können.

Durch die vielen Instruktionen von meinen spirituellen Lehrern, aber auch von den unzähligen Büchern, die ich damals verschlungen habe, machte ich wundervolle Erfahrungen und konnte so viel lernen. Durch reine Körperarbeit, kombiniert mit Ayurveda, hat sich mein inneres System erholt und komplett neu aufgesetzt, wie wir Onlineunternehmer sagen würden. Auch eine Ausbildung als Holistic-Health-Coach habe ich in dieser Zeit absolviert. Von der Energie und all den positiven Erfahrungen, die ich während dieser Zeit in Südostasien empfangen habe, profitiere ich noch heute. Mein Lebensstil wurde so viel ausgeglichener, ruhiger und auch kraftvoller.

Aber wenn ich etwas mit einem magischen Zauberstab verändern könnte, dann dass noch viel mehr Menschen den Mut haben, ihrem Herzen zu folgen, auf sich hören und ein eigenes Business aufbauen. Allgemein für die Welt wünsche ich mir, dass die Selbstliebe, aber auch die Nächstenliebe wieder mehr ins Zentrum rücken. Dass wir viel achtsamer mit uns selbst und mit den Menschen in unserer Umgebung umgehen und nicht einfach so in Zweckgemeinschaften zusammenleben.

Denn die Achtsamkeit und die Wertschätzung, die wir anderen Menschen entgegenbringen, kommt doppelt und dreifach zu uns selbst zurück. Denn Gleiches zieht Gleiches an.

Seit 2015, seit meinem persönlichen Wendepunkt, habe ich folgende Routinen stark implementiert und lebe und liebe sie seitdem. Jeden Morgen setze ich meine Intention und mache meine Dankbarkeitsübungen. Ich setze mir genaue Ziele für den Tag und am Abend lasse ich den Tag mit Dankbarkeit Revue passieren. Jeden Morgen freue ich mich auf ein besonderes Ritual, nämlich das Ziehen einer Weisheitskarte. Diese Karte gibt mir die Inspiration für den Tag. Mit ein bisschen Übung habe ich es auch geschafft, mich innerlich in Gefühle und Situationen hinein zu spüren, die ich gerne erreichen möchte. Ich arbeite immer wieder an meiner Zukunft. Das befreit so sehr und ich kann das auch dir nur empfehlen. Probiere es einfach selbst aus. Aber nicht nur einmal am Tag, versuche es immer öfter und du wirst sehen, wie sich dein Wohlbefinden steigert.

Früher hat mich das Nicht-Erreichen meiner täglichen Ziele sehr gestresst, aber heute komme ich mit Leichtigkeit und mit dieser Übung sofort in eine höhere Frequenz.

Dadurch, dass ich diese Arbeit doch schon so lange mache, habe ich ein Gefühl dafür entwickelt, was realistisch machbar ist und komme deshalb auch nicht mehr so leicht in Stresssituationen.

Und sei dir bewusst, dass jeder noch so kleine, tägliche Babyschritt tausendmal besser ist, als von Zeit zu Zeit einen riesigen Kraftakt zu vollbringen. Denn wenn du nach einiger Zeit zurückblickst, kannst du den Weg erkennen, den du auch mit Babyschritten erreicht hast. Und dieser Weg wird dich überwältigen. Diese Umstellung war für mich lebensverändernd.

Jeder Mensch ist einzigartig! Meine Einzigartigkeit sehe ich darin, dass ich das Potenzial in Menschen erkenne, auch wenn sie es selbst noch nicht sehen. Und auch in meiner Hartnäckigkeit, dranzubleiben, bis sie es selbst erkannt haben. Auch spüre ich sofort, wenn jemand Unterstützung oder einfach nur einen sanften Stupser braucht.

Wie oft habe ich schon gehört: „Janaina, genau das musste ich heute hören."

Ich glaube nämlich fest daran, dass wir uns in einem großen Feld bewegen und alle miteinander verbunden sind. In meinem persönlichen Feld sind viele Leute, mit denen ich lebe und arbeite und mit denen bin ich auch verbunden. Dieses Gefühl der Verbundenheit ist sicher auch ein Grund für die wunderbaren Beziehungen, die ich mit meinen OMAs und auch mit allen anderen Menschen, mit denen ich lebe und arbeite, habe.

Mein Lebensmotto ist - und davon bin ich fest überzeugt - wenn wir so mutig sind und zu unserer Essenz vordringen, diese Essenz nach außen tragen und endlich mit dem Verstecken aufhören, dann gibt es nur eine logische Konsequenz, nämlich, dass es riesig wird!

Daher lautet mein Lebensmotto:

**„Trau dich einzigartig zu sein, dann wird es riesig!"**

## Teresa Bukenberger

Ich bin Teresa, wurde 1991 geboren und habe meine Kindheit und Jugend auf einem Bauernhof in einem kleinen bayerischen Dorf verbracht.

Als kleines, sehr lebhaftes und aufgewecktes Bauernhofmädchen habe ich aber bald bemerkt, dass ich anders dachte als die meisten Menschen in meiner Umgebung. Früher hätte ich gesagt, ich war das schwarze Schaf der Familie, aber heute nenne ich mich liebevoll das Regenbogenschaf des Dorfes. Dass ich mit meinem Anderssein sehr oft angeeckt bin, kann sich jeder vorstellen. Ich war so sehr damit beschäftigt, mich gegen die Norm zu wehren, dass ich krank wurde.

Ich war 16 Jahre alt und auf einmal standen meine beruflichen Aussichten bei Null. Aus dem einstigen Powerpaket wurde ein depressives Wrack, welches immer mehr auf die anderen hörte, denn scheinbar hatten die ja all die Jahre über Recht.

Und nun kommt genau das, was ich dir mitgeben will:

NIEMAND kennt deine eigenen Grenzen. NIEMAND legt diese fest und NIEMAND weiß, wozu du in der Lage bist!

Und genau darum geht es nun. Jede Grenze, dir mir andere oder ich mir selbst auferlegt habe, wurde nach und nach gesprengt.

Ich war in der 10. Klasse ganze neun Monate nicht in der Schule. Jeder riet mir zu wiederholen. Ich weigerte mich, auf andere zu hören und schloss mehr oder weniger erfolgreich die Schule ab.

Ich wollte Medienkauffrau werden, aber durch meinen schlechten Schulabschluss riet man mir, ich solle besser Kinderpflegerin werden.

Die Stellenausschreibung sah wie folgt aus: mindestens 18 Jahre, Führerschein und Abitur. Ich war 16, hatte keinen Führerschein und eine Mittlere Reife mit 3,6 Notendurchschnitt. Nach dem Motto „Realität ist verhandelbar" schickte ich meine einzige Bewerbung ab und siehe da, ich erhielt den Ausbildungsplatz.

In meiner Ausbildung hatte ich dann einen schweren Motorradunfall und verpasste das gesamte letzte Lehrjahr. Erneut sollte ich wiederholen, aber ich kannte es dieses Mal ja schon und machte meine IHK-Ausbildung zur Medienkauffrau für Digital und Print dennoch fertig.

Nach einem entwicklungspolitischen Freiwilligendienst in Malawi (Afrika) startete ich dann so richtig ins Arbeitsleben und bemerkte sofort folgendes „Problem":

Monotone Arbeit nervte mich so sehr, dass ich es nicht länger als ein paar Monate an einem Arbeitsplatz aushielt. Ich lernte dadurch extrem viel und arbeitete unter anderem für eine Tochterfirma von ProSieben, traf bekannte Promis und wurde die jüngste Medial-Leitung einer Firma. Jedoch machte mich die fehlende Erfüllung und der Glaubenssatz, dass etwas mit mir nicht stimmte, erneut krank. Von 100 auf 0 und wieder zurück. Wenn ich dachte, ich konnte etwas richtig gut, dann das.

Nach mehreren Klinikaufenthalten, ich war gerade mal 19 Jahre alt, haben mich dann die Ärzte mit der Diagnose „arbeitsunfähig" und einem Behindertenausweis entlassen. Der Gedanke: ‚Wo bei allen anderen das Berufsleben erst beginnt, habe ich es schon hinter mir', schoss mir durch den Kopf. Alle beruflichen Rehabilitationsversuche waren erfolglos. Ich bekam Hartz4 und nahm schließlich einen Job als Bäckereifachangestellte an. Dieser Job war mein kürzester in meiner Laufbahn, denn ich kündigte direkt zum Feierabend meines ersten Arbeitstages.

Dabei wurde mir eines klar: Ich war die ganze Zeit damit beschäftigt, mich dafür zu hassen, dass ich nicht so bin, wie es die Norm scheinbar haben will. Keine meiner Stärken konnte ich sehen, weil ich viel zu viele Glaubenssätze darauf geklebt hatte. Ich sah nicht mehr die temperamentvolle, spontane junge Frau, die ich war, sondern dutzende Symptome und noch mehr Diagnosen.

Bis zu diesem Tag glaubte ich auch noch, dass Frauen nicht viel Geld verdienen können. Doch der Knoten platzte schließlich. Ich bewarb mich in einer Werbeagentur in München und äußerte einen Gehaltswunsch, bei dem mich alle für komplett bescheuert hielten. Die Antwort der Personalchefin: „Frau B., für das, was Sie alles mitbringen, sind Sie zu günstig. Ihren Gehaltswunsch bekommen Sie in der Probezeit und danach erhöhen wir um 500€."

Das war damals die Klatsche für alle Zweifler und meine absolute Bestätigung, dass man alles erreichen kann, wenn man nur dranbleibt. Und zwar völlig egal, von wo man startet!

Doch dann holte mich die Monotonie und meine Ablehnung ihr gegenüber wieder ein.

Mittlerweile glücklich verheiratet und im besten Alter kam mein Kinderwunsch genau zur rechten Zeit und ich entkam diesem Angestelltendrama für 1,5 Jahre. Doch dann begann das Chaos von vorne und wurde durch ein oft kränkelndes Kleinkind zum absoluten Spagat. Karriere und Kleinkind? Für mich scheinbar unmöglich – dachte ich. Denn alles, was ich in einer Teilzeitstelle mit Kind bekam, waren Bürohilfejobs und die wollte ich nicht.

Also musste ich dringend etwas ändern.

Ich bat meine Schwiegereltern um einen Kredit, räumte meine Konten und sprang Anfang 2019 in ein Coaching, welches mir half, mich als Virtuelle Assistentin selbständig zu machen. Das war mein persönlicher „Game Changer" neben der Geburt meiner Tochter.

Endlich konnte ich alles so ausleben, wie ich es für richtig hielt. Ich konnte mehrere Kunden und viele Projekte gleichzeitig jonglieren, ohne dass ich ständig Jobs wechseln musste. Ich konnte endlich mein gesamtes Wissen einbringen und bekam dafür echte Wertschätzung entgegengebracht.

Jetzt lebe ich meinen absoluten Traum. Ich habe mehr Zeit, bin frei in all meinen Entscheidungen und habe so viel mehr Geld, als ich mir jemals hätte vorstellen können. Ich kann alles, was ich in den verschiedenen Bereichen zuvor gelernt habe, einbringen. Denn genau das, was die Firmen zuletzt abgeschreckt hatte, ist für meine jetzigen Kunden der absolute Mehrwert: Eine Scanner-Persönlichkeit, die mit den verschiedensten Aufgaben zu absoluter Hochform aufläuft.

Was hat das Ganze nun mit der Digital Academy zu tun?

Zur Digital Academy bin ich nicht durch die OMA Ausbildung gekommen, sondern ich habe mich ganz einfach bei Janaina als Social Media Manager beworben. Auf Social Media hatte ich zwar keine Lust, aber Janaina fand ich so faszinierend, dass ich mir einfach meine Stelle erschaffen habe.

Ich kann es deswegen nicht oft genug sagen: Realität ist verhandelbar!

Und genau diese Arbeit mit ihr hat mich noch einmal um 180 Grad gedreht.

Janaina vertraute mir mehr, als ich mir damals selbst vertraute und sie bot mir grenzenlose Möglichkeiten. Dadurch bin unendlich gewachsen und konnte mich so von der VA zur Head-VA entwickeln, die jetzt sogar in anderen Teams auf Führungsebene arbeitet.

Janaina bietet allen Frauen, die mit ihr arbeiten ein so wertvolles Netzwerk. Sie legt den Grundstein für alle, die sich ein nachhaltiges und rentables Business als Online Management Assistant aufbauen wollen.

Hier noch kurz ein paar Insights zu mir:

Zu den Top 3 der Werte, die mir unendlich wichtig sind, gehören Humor, Ehrlichkeit und Entschlossenheit.

Mein großes berufliches Ziel ist es, mein Business größer zu machen und zusätzlich weitere passive Einkommensströme zu generieren. (Denn was man tagtäglich für seine Kunden macht, sollte man auch selbst implementieren.)

Eine richtig „strenge" Morgenroutine gibt es bei mir nicht, denn alle festen Routinen haben bei mir schon wieder den gegenteiligen Effekt. Deshalb starte ich je nach Laune völlig unterschiedlich in den Tag: mal mit Sport, Yoga oder mit Kaffee im Bett und ein anderes Mal mit einer Meditation. Wichtig ist mir dabei auf meinen Körper zu hören und genau das zu machen, was er mir vorschlägt.

Meine Einzigartigkeit und das, was mich hervorhebt ist, dass ich einen inneren Turbo eingebaut habe. Mein Umfeld spiegelt mir mehrmals täglich, dass sie nicht die geringste Ahnung haben, woher ich jeden Tag diese Energie und Geschwindigkeit aufbringe. Deshalb nennen mich meine Kunden auch ihre „Geheimwaffe“. Ich bin ein wandelndes Techniklexikon und kann mir Neues in kürzester Zeit aneignen.

Dass ich heute so über mich sprechen kann, hat sich jedoch erst in den letzten Jahren entwickelt. Ich habe enorm an meinem Mindset gearbeitet und im Zusammenhang mit Human Design, einem Persönlichkeitsmodell, sehr viel über mich gelernt.

Dieser Job verändert nicht nur deine berufliche Perspektive, sondern dein ganzes Leben. Deine Persönlichkeit, dein Umfeld, deine Denkweisen. Niemals bin ich mehr gewachsen!

Und genau deshalb liebe ich diesen Job, denn egal, welche Fähigkeiten oder Vorlieben du hast, du kannst dir in diesem Bereich deinen absoluten Traumjob bauen.

Egal, ob du die Zahlenfee bist, das Ordnungs- und Organisationstalent oder die Technik Queen. EGAL, ob du extrovertiert oder introvertiert bist, lieber im Background alles regelst oder lieber selbst ins Rampenlicht willst. Und genau dabei kann dir die Digital Academy helfen. Von den ersten Schritten bis zu tiefem Fachwissen in die wichtigsten Tools bekommst du eine Unterstützung, die es so im DACH Raum nicht gibt.

Last but not least: Mein Lebensmotto und DER Rat für dich:

**GEHT NICHT, GIBTS NICHT!**

(Denn ich bin das beste Beispiel dafür: Ist die Situation noch so aussichtslos, es funktioniert trotzdem und kann viel besser werden, als du es dir je vorstellen kannst.)

So findest du mich:

Facebook: Teresa Bukenberger

LinkedIn: Teresa Bukenberger

Instagram: Frauenbande

## Christine Bukenberger

Ich bin Christine Bukenberger und mein ursprünglich erlernter Beruf hat relativ wenig mit dem zu tun, was ich heute mache. Ich habe bereits während meiner Schulzeit mehrere Praktika bei einem der zwei Fotografen bei uns in Garmisch-Partenkirchen gemacht. Daraus hat sich eine wahnsinnig große Begeisterung und Leidenschaft entwickelt, wie ich es damals von nichts anderem kannte. Ich habe quasi für die Fotografie gelebt. So kam es, dass ich nach meinem Schulabschluss zwei Jahre lang versucht habe, den Fotografen, bei dem ich damals Praktikantin war, zu überzeugen, mich auszubilden. Ich war so hartnäckig und nervig, dass er schlussendlich Ja sagte und mich damit zum wohl glücklichsten Menschen gemacht hat.

Nach einer verkürzten Ausbildung habe ich den Entschluss gefasst, nach Nürnberg zu ziehen, um dort in einem Portraitstudio zu arbeiten. Da ich diese Arbeit aufgrund von schlechter Bezahlung, einem langen Arbeitsweg und wenig Freizeit als wenig erfüllend empfand, bin ich mit meiner damaligen Freundin (heute Ehefrau) in den Norden, nach Hamburg, gezogen. Wir haben uns damals bei einem Wochenendtrip in die Hansestadt verliebt und sind binnen zwei Wochen umgezogen. In Hamburg angekommen, habe ich als Produktfotografin und Grafikdesignerin für einen der größten Werbeartikelhersteller Deutschlands gearbeitet. Bereits während unserer Zeit in der für mich schönsten Stadt habe ich begonnen, mich für die diversen Bereiche des Onlinemarketings zu interessieren und habe damals meine ersten semiprofessionellen Homepages für mich selbst erstellt.

Durch unseren Kinderwunsch hat es uns nach drei Jahren wieder in unsere Heimat, den Süden Deutschlands, verschlagen. Mein Arbeitgeber hatte mir damals die Möglichkeit gegeben, im Homeoffice weiter im Grafikdesign tätig zu sein. Durch diese Chance habe ich das Arbeiten von zu Hause aus lieben gelernt, auch wenn es manchmal sehr einsam war ohne den regelmäßigen Austausch mit den Kollegen.

Dennoch war ich schon lange unglücklich in meiner Festanstellung und habe nur noch Dienst nach Vorschrift gemacht. Anfang 2020 hat dann mein Telefon geklingelt und beim Abheben hatte ich schon ein komisches Bauchgefühl … Ich habe einen Anruf von meiner damaligen Abteilungsleitung bekommen mit dem Hinweis, dass aktuell Stellen abgebaut werden und ich eine der Wackelkandidaten sei. Es vergingen keine drei Monate und das Telefon klingelte wieder. Dieses Mal war es die Personalchefin, die sich nach einer Möglichkeit der Einigung erkundigte Sie wollten mich also wirklich „loswerden". Ich wusste erst nicht recht, was ich davon halten sollte, einen vermeintlich sicheren Job aufzugeben. Schließlich haben wir uns nach einigem Hin und Her dann auf einen Aufhebungsvertrag geeinigt und ich hatte Zeit, meine Selbständigkeit im Bereich Online Marketing und Webdesign bis zu meinem Ausscheidungsdatum vorzubereiten und meine ersten Kunden zu gewinnen. Ehrlich gesagt, hätte ich den Mut dazu wahrscheinlich nie aufgebracht, hätte ich bei Teresa, meiner Frau, nicht gesehen, wie gut dieses Businessmodell wirklich funktioniert.

Mein erster Monat in der vollen Selbständigkeit war für mich total surreal. Ich habe als Fotografin nie gut verdient und war komischerweise dennoch sehr zufrieden mit dem, was ich damals ausgehandelt hatte. Ich konnte mir nicht vorstellen, dass ausgerechnet ich einmal ein Vielfaches von dem verdienen würde, was ich als Fotografin gewöhnt war.

Meine ersten Kunden waren Coaches und kleine und mittelständische Unternehmen. Damals habe ich eigentlich alles angenommen, was ich gut konnte. Heute weiß ich, dass vieles davon nicht in meiner Zone of Genius lag. Mittlerweile mache ich nur noch wenig und ausgewähltes Social Media Management, designe Homepages, Landingpages, gestalte Grafiken, setzte Automationen auf und springe mit Begeisterung in Aufgaben, die irgendetwas mit technischer Umsetzung zu tun haben. Ich liebe komplexe Aufgaben und vor allem solche, bei denen 99,9 Prozent der Kollegen/Kolleginnen kapitulieren.

Meine Frau und ich sind jetzt schon eine „Two-Women" Werbeagentur, die sich um alle Belange kümmert, die bei einem Online Business anfallen. Wir ergänzen uns perfekt und das erleichtert die Arbeit ungemein. Und weißt du, was das Beste daran ist? Wir müssen mittlerweile nicht mehr aktiv auf Kundenfang gehen. Unsere Traumkunden klopfen bei uns an und wollen mit niemand anderem zusammenarbeiten als mit uns. Ein schöneres Kompliment und Gefühl gibt es wohl kaum.

Vor einigen Monaten habe ich dann die Chance bekommen, bei Janaina von Moos als Social Media Manager anzufangen, mache für sie Online Marketing & Webdesign und genau dieser Job hat mich kurze Zeit später zur Digital Academy gebracht.

Heute gebe ich hier als Mentorin für angehende Online Management Assistants mein Wissen weiter und bilde gemeinsam mit meiner Frau und Janaina die nächste Generation der Power-OMAs aus. Wir vermitteln hier das aktuellste Technik- und Businesswissen und ermöglichen den Frauen durch das solide, von uns gelegte Fundament, einen reibungslosen und erfolgreichen Start in ihre eigene Selbständigkeit. Ich habe mich nie in der Position gesehen, jemandem etwas beizubringen, aber es macht unheimlich viel Spaß und Freude zu sehen, wie sich unsere Frauen entwickeln und welche Sprünge in nur sechs Monaten Ausbildung möglich sind.

Meine persönlichen Werte sind stark geprägt von Aufrichtigkeit und Ehrlichkeit. Ich mag ein ehrliches Feedback, auch wenn es manchmal nicht spurlos an mir vorbeigeht. Nur so können wir alle tagtäglich wachsen und uns weiterentwickeln. Aktuell liegt mein Hauptfokus im Aufbau meines Business. Für die Zukunft möchte ich weg von dem typischen „Zeit-gegen-Geld“ Modell und mir mehrere passive Einkommensströme aufbauen.

Das Erreichen meiner, oder besser gesagt, unserer finanziellen Unabhängigkeit und die Möglichkeit, unsere Zeit frei einteilen zu können, haben momentan höchste Priorität. Ich genieße es, morgens meine Tochter ohne Zeitdruck in die Kita zu bringen, frei zu sein, sie auch einfach zu Hause lassen zu können und entspannt bei einer Tasse Kaffee in den Tag zu starten. Zudem wollen wir unserer Kleinen ein gutes finanzielles Fundament und eine große Portion Bildung mit auf den Weg geben.

Wir haben jetzt schon Ideen für unser nächstes großes Abenteuer: Wir gehen mit unserem Camper Van für sieben Monate auf Reisen und probieren so das Arbeiten „on the road“ aus. Das ist für uns die Möglichkeit, alles, was uns wichtig ist, zu vereinen, zum Beispiel Zeit mit unserer Tochter und unseren Hunden zu verbringen, die Freiheit genießen, Reisen und unsere Arbeit.

Ehrlich gesagt, finde ich mein Leben zurzeit so genial, dass ich daran nichts ändern möchte. Uns steht die Welt offen und es werden uns täglich so unheimlich viele Möglichkeiten geboten – man muss sie nur ergreifen. Ich habe mein Hobby schon damals zu meinem Beruf gemacht und was mir gerade wieder auffällt: Das Thema Webdesign hat mich schon seit meiner frühen Jugend begleitet, mal intensiver, mal weniger intensiv. Ich habe damals mit einem Freund zusammen unsere erste Homepage für einen Rettungshubschrauber erstellt, wir waren zu diesem Zeitpunkt elf Jahre alt. Später habe ich immer wieder Homepages für mich und meine Fotografie gebaut und jetzt biete ich das Ganze professionell und mit voller Leidenschaft an.

Manchmal sind die Dinge, die wir als Kinder/Jugendliche gerne gemacht haben einen Blick wert, um zu erkennen, wo die eigenen Fähigkeiten liegen. Meine Begeisterung für die Technik ist seit meiner Kindheit und Jugend immer weitergewachsen und ich kann von mir sagen, ein kleiner Techniknerd zu sein.

Mein Lebensmotto:

**„Adventure may hurt you, but monotony will kill you!"**

So findest du mich:

Facebook und Instagram: Christine Bukenberger

www.bukenberger-media.de

# Vorstellung der Power-OMAs (nach ABC)

## Anita Aichner

Ich bin Anita, habe die 50 bereits überschritten und komme aus Lienz in Tirol, das ist im Süden von Österreich.

Um klar zu machen, warum ich in der Digital Academy gelandet bin, muss ich etwas ausholen und eine kurze Vorgeschichte erzählen.

Meine Reise begann im Sommer 2019 rund um meinen 50. Geburtstag. Bei so magischen Daten beginnen wir doch alle, über uns selbst nachzudenken. Die Frage nach dem Sinn des Lebens und der Erwartung für die Zukunft kommt immer wieder hoch.

Ich war damals seit 30 Jahren im öffentlichen Dienst und davon 20 Jahre als Standesbeamtin tätig. ‚So ein wunderschöner Beruf', werden sich jetzt viele denken und sie haben im Grunde auch Recht. Ich habe in meiner Tätigkeit als Standesbeamtin weit mehr als 1300 Hochzeiten abgehalten und mit dem Brautpaar einen der schönsten Augenblicke im Leben geteilt, aber das Verlangen nach beruflicher Veränderung ploppte immer wieder auf. So begann ich, mich mit mir, meinen Wünschen, meinen versteckten Sehnsüchten und Bedürfnissen intensiver zu beschäftigen. Diese Reise führte mich im Februar 2020 zu einer sehr exklusiven Fortbildung nach Deutschland, bei der ich Janaina persönlich kennenlernen durfte. Wir verbrachten einige wunderbare Tage miteinander und lernten uns dadurch besser kennen.

Wenn Janaina anfing, von ihrem Business und von ihren Zukunftsvisionen zu schwärmen, dann muss ich gestehen, dass ich überhaupt nichts davon verstanden habe. Für mich war diese Sprache reines Fachchinesisch. Aber wenn ich mich heute zurückerinnere, hat sie damals schon über ihre Pläne, eine spezielle Ausbildung für Assistenten ins Leben zu rufen, gesprochen.

Für mich war Janaina eine Geisterfahrerin, die eine komplett andere Richtung eingeschlagen hatte, eine Richtung, die ich in meinem Leben nicht kannte. Aber dieses Gefühl der Ahnungslosigkeit und dass es da etwas gibt, das ich nicht kenne, hat mich nicht mehr losgelassen.

Und es kam, wie es kommen musste. Auf Facebook bin ich dann über ein Video von Janaina gestolpert, in dem sie die Digital Academy vorstellte. An diesen Aha-Moment kann ich mich noch genau erinnern, als mir klar wurde, um was für eine große Sache es sich bei dieser Ausbildung handelte. Ich kann heute, ein halbes Jahr später, nicht erklären warum, aber das Gefühl, diese Chance unbedingt ergreifen zu müssen und dabei mein Leben komplett auf den Kopf zu stellen, war definitiv da.

Ich zögerte nicht lange und schrieb Janaina eine Nachricht nur mit den Worten: „Wäre das etwas für mich?" Ein kurzes Telefonat später und ich war bestätigt, das ist meine Chance, aus meinem bisherigen Lebenstrott auszubrechen.

Jetzt werden sich viele denken: ‚Wie kann man denn so einen sicheren, wunderschönen Beruf als Gemeindebedienstete und Standesbeamtin aufgeben und in eine so ungewisse Zukunft starten?' Aber für mich war diese Zukunft nicht ungewiss, für mich stand von Anfang an fest, dass es nur einen Weg gäbe, und das war den mit der Digital Academy. Und das obwohl dieser Bereich der Online Management Assistant für mich ein totaler Neueinstieg war. Ich hatte überhaupt keine Ahnung, was da auf mich zukommen würde. Aber meine Entscheidung stand fest. Jetzt ging es erst einmal daran, meine Familie und mein Umfeld davon zu überzeugen, dass ich kündigen werde. Die Reaktionen brauche ich hier sicher nicht näher erklären, denn diese lassen sich mit Schock und Verständnislosigkeit am besten beschreiben. Aber wenn ich mir etwas in den Kopf gesetzt habe, dann lasse ich nicht so schnell locker. Also musste ein Kompromiss her. Und dieser war, dass ich noch nicht sofort kündigen würde, sondern erst einmal schaue und beobachte, was das mit der Digital Academy werden würde. So nach dem Politikermotto: „Zuerst schauen wir mal, dann sehen wir schon."

Und so habe ich voller Eifer und Elan mit der Ausbildung zur OMA begonnen. Bald musste ich aber feststellen, dass diese Ausbildung neben einer 40-Stunden Arbeitswoche sehr intensiv ist. Es gab auch Zeiten, in denen ich durch diese Doppelbelastung an meine Grenzen gestoßen bin. Aber die wundervollen Mindset Calls mit Janaina haben mich immer wieder an mein Ziel erinnert und mich daran glauben lassen. Ich habe unzählige innere Kämpfe mit dem, in der Digital Academy allseits bekannten, „Freddy" ausstehen müssen. Ich habe auch sehr viele Terrorbarrieren überwunden, aber heute kann ich sagen: Es hat sich gelohnt.

Sicher wäre es ohne diese Doppelbelastung leichter gewesen und ich wäre auch schon viel weiter und erfahrener als OMA, aber das war mein ganz persönlicher Weg.

Und damit möchte ich all den Frauen Mut machen, die über diese magische Grenze 50 stolpern: Es ist nie zu spät, an sich zu glauben und das zu machen, was Spaß, Freude und Erfüllung bringt. Denn auch mit über 50, wie heißt es doch, 50 ist das neue 40, aus dem Alltag auszubrechen, erfordert mehr Mut, als darin gefangen zu bleiben. Ich bin das beste Beispiel dafür, dass es sich lohnt, Altes loszulassen und neue Wege zu gehen. Die Voraussetzung ist natürlich, man will es wirklich.

Der Spruch *Hab keine Angst vor einem Neuanfang, denn du fängst mit Erfahrung an* hat mich durch meine zweifelnde Zeit gebracht.

Innerhalb eines halben Jahres habe ich die Ausbildung zur OMA gemacht, habe zum 31.10.2020 gekündigt und bin in ein neues, freies, selbstbestimmtes Leben gestartet.

Hätte im Februar jemand zu mir gesagt, was in diesem doch auch sehr besonderem Jahr 2020 alles passiert, ich hätte ihn für verrückt erklärt.

Diesen Mehrwert, den ich durch die gesamte Ausbildungszeit von den Experten und auch von allen Teilnehmerinnen erfahren habe, ist unbeschreiblich. Die entstandene Gemeinschaft hat mich durch diese Zeit getragen. Denn an Herausforderungen hat es nicht gemangelt. Meine größte Herausforderung war sicher der Zeitfaktor. Die Zeit deshalb, da ich durch meinen Job doch sehr eingespannt war. Umso stolzer macht es mich jetzt, dass ich durchgehalten und mein erstes Ziel, die berufliche Freiheit, erreicht habe. Und jetzt ist es an der Zeit, weitere Ziele anzupeilen.

Ein großes Ziel ist es sicher, als OMA voll durchzustarten und meinen Kunden ein umfangreiches Buffet anbieten zu können. In der eher kurzen Zeit habe ich meine genaue Spezialisierung, meinen Schwerpunkt noch nicht genau gefunden, aber ein Teil meiner zukünftigen Arbeit wird das Schreiben von Büchern als Ghostwriter, das Vermarkten und das Veröffentlichen dieser sein. Damit habe ich schon begonnen und durfte auch an diesem Projekt aktiv mitwirken. Es fasziniert mich, mit Worten zu spielen, Texte zu formulieren und dadurch etwas Wunderbares zu schaffen.

Ich unterstütze bereits andere Kunden, ihr Business aufzubauen, betreue ihre Profile und auch die Kunden auf Facebook, Instagram und LinkedIn und erstelle E-Mail Automationen. Backoffice-Arbeiten, das On-Boarden neuer Kunden, die Ersteinrichtung von Active Campaign, Coachy, Digistore oder CRM-Dateien und noch vieles mehr, gehören zu meinem Aufgaben-Angebot.

Das gegenseitige Vertrauen steht für mich, wie auch die Werte Zuverlässigkeit, Ehrlichkeit und Disziplin, an oberster Stelle der Zusammenarbeit. Zuverlässigkeit, weil es für mich nichts Ärgerlicheres gibt, als wenn man sich nicht aufeinander verlassen kann, Ehrlichkeit steht für sich und Disziplin mir selbst gegenüber, weil ich der Meinung bin, dass man nur mit Disziplin Ziele erreichen kann. Der Spruch von Jim Rohn *Disziplin ist die Brücke von Zielen und ihrer Verwirklichung* begleitet mich schon sehr lange.

Auch bei meinen täglichen Routinen bin ich sehr diszipliniert. So stehe ich jeden Morgen zwischen 5.00Uhr und 6.00Uhr auf. Mein morgendlicher Weg führt mich dann aus dem Bett direkt ins Bad, dann auf die Yogamatte und anschließend in die Küche zum ersehnten Kaffee. Es gibt keinen Kaffee, ohne nicht vorher meine Dehnungsübungen erledigt zu haben. Dieses damit verbundene Gefühl, wenn die nächtliche Starre aus dem Körper weicht, bringt Elan und Euphorie für den ganzen Tag. Mit Kaffee und guter Laune setze ich mich dann in Ruhe hin, genieße die Zeit mit mir und beginne in meinem Tagesjournal meine Visionen, meine gefühlte Dankbarkeit und zum Schluss auch noch meine anstehenden Aufgaben für den Tag aufzuschreiben. Und an dieser Stelle möchte ich unbedingt anmerken, dass ich mich auf den Daily Planer, den Janaina publizieren wird, schon sehr freue.

So beginnt für mich jeder Tag in Ruhe und in meinem eigenen Tempo. Und diese Freiheit, dieses entspannte Starten in den Tag, schätze ich nach 30 Jahren Büroalltag umso mehr.

Die Frage nach meiner Einzigartigkeit stimmt mich nachdenklich. Was ist meine Einzigartigkeit? Umso länger ich darüber nachdenke und in mich hinein fühle, kommt immer ein Gedanke auf. Nämlich, dass ich aus meiner behüteten und gesicherten beruflichen Situation mit über 50 Jahren den Mut gehabt habe, die Notbremse zu ziehen und mich in das Abenteuer mit der Digital Academy zu stürzen. Ich lebe und arbeite jetzt selbständig und eigenverantwortlich mein Leben. Und wenn ich durch meine Entscheidung nur einen Menschen dazu inspirieren kann, aus dem bekannten Hamsterrad auszubrechen, dann macht mich das sehr glücklich. Gerne kannst du mir auf Social Media auch Feedback dazu geben. Denn auf meinem Weg in die Freiheit habe ich so viele Menschen getroffen, denen dieser Mut, dieser Glaube an sich selbst, fehlt. Ja, sie funktionieren und erledigen die täglichen Anforderungen sicher perfekt, aber glücklich sind sie dabei schon lange nicht mehr.

Mein Lebensmotto, das ich einerseits sicher durch Janainas Academy erreicht habe, aber andererseits auch durch meinen festen Glauben an mich, lautet:

**I live the life I love, and I love the life I live!**

Du findest du mich auf Facebook, Instagram und LinkedIn unter Anita Aichner.

## Anne-Marie Krall

Ich bin Anne-Marie, schreibe diese Zeilen im Alter von 43 Jahren und bin sehr glücklich verheiratet.

Zur Digital Academy bin ich durch einen wunderbaren Zu-Fall gekommen. Da es meiner Meinung nach keine Zufälle gibt, ist mir die Digital Academy einfach zugefallen. Denn es fällt einem immer genau das zu, was fällig ist. In meinem Fall war das eine berufliche Veränderung.

Ein großer Wendepunkt in meinem Leben war im Jahr 2014, als ein großer Konzern das Familienunternehmen gekauft hat, in dem ich seit 15 Jahren beschäftigt war. So galten über Nacht neue Vorgaben und eine neue Firmenphilosophie, die auf einmal nur umsatzorientiert war. Der Kunde zählte als Mensch nicht mehr. Drei Jahre lang habe ich versucht, meinen Kunden den gewohnten Service nach dem Motto *Problemlöser mit Wohlfühlatmosphäre* anzubieten, aber als mein Körper immer mehr Signale der Erschöpfung sendete und verschiedenste Krankheiten sich angekündigt haben, entschloss ich mich, die Firma zu verlassen. Mir wurde klar, die Werte des Konzerns passten mit meinen Werten und mit dem, was ich vorher den Kunden vorgelebt hatte, nicht mehr zusammen. Aus Sicherheitsgründen habe ich gleich den nächstbesten Job angenommen. Mir war aber damals nicht klar, wie sehr meine Seele unter der Erfahrung in meinem alten Unternehmen gelitten hatte.

Mehr als 2½ Jahre lang waren Gefühle einer tiefen Traurigkeit, Freudlosigkeit und Lethargie meine ständigen Begleiter. Ich funktionierte bis zu dem Tag, an dem nichts mehr ging und ich endlich erkannte, dass ich professionelle Hilfe brauchte, um wieder Spaß am Leben zu haben und aus der Traurigkeit und Freudlosigkeit heraus zu kommen.

Diese Zeit nutze ich auch, um mir Gedanken über meine berufliche Zukunft zu machen und suchte online nach Inspirationen.

Dann, wie vom Universum gesandt, sah ich ein Interview von Janaina über die Digital Academy. Janaina folgte ich schon länger auf Social Media. Im Januar 2020 nahm ich sogar an ihrer *eswirdriesig*-Challenge teil, lernte Janaina so schon kennen und hatte Vertrauen zu ihr. Schon während des Interviews wurde mir klar, dass das der Beginn einer neuen beruflichen Ära sei. Sofort hat sich mein Bauchgefühl gemeldet, das mir sagte: ‚Mach das! Das ist genau das Richtige für dich.'

Da ich eher der Kopfmensch bin und bei mir alles immer gut überlegt werden muss, hatte ich aber bald schon mit dem Gedankenkarussell zu kämpfen: ‚Ich bin schon zu alt für solch eine Veränderung. Was wenn es nicht funktioniert? Die Investition, die ich tätigen müsste usw.' Aber diese einmalige, einzigartige Chance, bei etwas Großem von Beginn an mit dabei zu sein und nichts versäumt zu haben, musste ich nutzen. Ich will später mit Stolz sagen können: „Ich war in der 1. Runde dabei!".

Und mit der Entscheidung, in der Academy dabei zu sein, habe ich mich bereits ein zweites Mal ganz bewusst für mich entschieden.

Das erste Mal war die Befreiung aus meiner damaligen Ehe. Diese Entscheidung war ein sehr einschneidendes Ereignis für mich. Denn die Gedanken und all die Ängste darüber, was meine Familie, Freunde und Kollegen dazu sagen würden, hatten mich lange Zeit daran gehindert, diesen Schritt zu wagen.

Endlich war ich soweit. Ich habe mich getrennt und ein neues Leben begonnen.

Da mich Themen wie Persönlichkeitsentwicklung und auch Psychologie schon immer interessierten, fing damals, nach meiner Scheidung, auch die Reise zu mir und meiner Entwicklung an. Auf dieser Reise bin ich Schritt für Schritt auf die richtigen Menschen, die idealen Bücher und auch auf die passenden Veranstaltungen gestoßen. Dadurch wuchsen mein Selbstvertrauen, meine Selbstliebe und mein Selbstbewusstsein.

Leider rutschte ich durch meinen damaligen Job in ein Burnout, den ich aber nicht als solches erkannt habe. Erst viel später konnte ich mit Hilfe der oben genannten Bücher und Seminare die durch Burnout entstandenen Blockaden lösen.

Heute weiß ich ganz genau, ich bin gut genug, so wie ich bin.

Ich habe so vieles zu bieten und mir wird immer mehr bewusst, was ich schon alles erreicht habe. Ich habe gelernt, meine täglichen Erfolge zu feiern, ganz egal, wie groß oder klein diese sind.

Im April 2020 war es dann wieder an der Zeit, mich das zweite Mal bewusst für MICH zu entscheiden. Ich habe es gewagt, bin über meinen Schatten gesprungen, habe auf mein Bauchgefühl gehört und jetzt kann ich bestätigen, dieses Gefühl war absolut richtig. Die Ausbildung in der Digital Academy hat mich richtig beflügelt, ich wurde immer aktiver und positiver. Die Mindset Calls und meine Mitstreiter in der Digital Academy gaben mir den Raum und die Möglichkeit, offen über meine Zweifel, Terrorbarrieren aber auch über meine Erfolge zu sprechen.

Mein Schwerpunkt und meine Positionierung sehe ich zurzeit im Community Management, aber auch in der YouTube-Strategie, die ich auch schon für eine Kundin aktiv einsetze.

Das Eingehen auf Fragen von Teilnehmern in den verschiedensten Facebook Gruppen meiner Kunden hat mein Interesse und meine Leidenschaft geweckt. Ich wollte immer schon Menschen helfen, wusste aber nicht, wie oder was ich zu bieten habe. Durch das Arbeiten mit verschiedenen Gruppen habe ich gemerkt, dass auch Kleinigkeiten, wie ein guter Zuspruch, ein Lösungsvorschlag aus der Sicht von außen, ein positiver, motivierender Gedanke vielen Menschen hilft. Die Mitglieder in den Gruppen fühlen sich dadurch gesehen und verstanden. Und genau diese Arbeit auf Social Media habe ich für mich entdeckt.

Meine Einzigartigkeit und eine Stärke von mir ist sicher, dass ich ein sehr empathischer Mensch bin. Ich erkenne sofort die Schmerzpunkte der anderen und kann mich dadurch gezielt in sie hinein fühlen und Lösungen anbieten.

Die besten Fortschritte der eigenen Entwicklung kannst du nur dann feststellen, wenn du die kleinen Erfolge im Alltag am besten schriftlich festhältst und wenn du bewusst Acht auf deine Gefühlswelt gibst. Zu meiner täglichen Routine gehört das Ausfüllen meines Kalenders, den ich mir selbst zusammengestellt habe. Dort notiere ich meine Dankbarkeit und auch meine Termine der laufenden Woche. Auch das Bewerten meiner täglichen Gefühlswelt auf einer Skala von 1 bis 10 empfinde ich als wichtigen Bestandteil meines Daily Planers.

Ich schreibe mir meine Gedanken und Ideen den ganzen Tag über auf, denn eine Abendreflexion finde ich für mich persönlich etwas schwierig. Am Abend bin ich schon müde und meine Konzentration lässt nach. Daher werden meine wichtigen Erkenntnisse während des Tages immer notiert, um ja nichts zu vergessen.

Meine Wunschroutine wäre täglich mit einer Meditation und mit sanftem Sport in den Tag zu starten. Derzeit fällt mir das noch schwer, weil auch ich lernen darf, diszipliniert meine Prioritäten zu setzen. Der Mehrwert einer solchen Routine ist für mich persönlich, mich entspannt und mit der richtigen Energie auf den Tag einzulassen, damit jeder, der mit mir an diesem Tag in Kontakt tritt, positiv berührt wird. Da bleibe ich also dran, denn mit Babyschritten kommt man ja auch ans Ziel.

Durch mein immer am Ball bleiben und mein Interesse an so vielen Dingen habe ich schon die ein oder andere Terrorbarriere durchbrochen. Denn ein kleiner Schritt über diese Hürden kann dich einen riesengroßen Schritt im Leben und in deinem Business weiter voranbringen. Und für mein eigenes neues Business habe ich bereits erfahren dürfen, dass es möglich ist, innerhalb kürzester Zeit Traumkunden zu generieren.

Meine Werte sind Ehrlichkeit, Loyalität und Empathie. Denn Ehrlichkeit steht für mich für eine offene und direkte Ansprache in einer diplomatischen Art und Weise. Loyalität mir gegenüber heißt, rechtzeitig zu erkennen, was mir nicht gut tut und es entsprechend zu ändern. Im Berufsleben definiere ich das so, dass ich nicht nur in guten Zeiten meinen Kunden zur Seite stehe, sondern bestrebt bin, gerade dann, wenn es mal nicht so rosig läuft, mit ihnen gemeinsam den Kurs anzupassen, um Anlauf auf das nächste Hoch zu nehmen. Die Empathie hilft mir, mich in andere Menschen hinein zu versetzen, so dass ich durch das Verständnis für ihre Bedürfnisse und Probleme auch den passenden Lösungsvorschlag machen kann.

Und mein großes Ziel ist es, ein erfolgreiches Business aufzubauen, in dem ich meinen Kunden aufs nächste Level hebe. Meine Traumkunden warten nur darauf, mit mir arbeiten zu können, weil meine besondere Fähigkeit darin liegt, durch meine Empathie die richtigen Worte für ihre Botschaft zu finden um fortwährend neue Kunden anzuziehen.

Anfang 2021 möchte ich im hohen 4-stelligen Bereich verdienen und zum Ende hin dann schon im 5-stelligen Bereich sein.

Die Leichtigkeit, mit der Janaina über das Erreichen von Zielen spricht, ist für mich ein großes Vorbild. Auch wünsche ich mir für die Zukunft eine Hütte in den Bergen und eine Wohnung am Meer, wo ich mit meinem Mann gemeinsam wunderschöne Urlaube verbringen kann. Denn ein echtes Highlight in meinem Leben ist die gemeinsame Zeit, die ich mit meinem Mann verbringe.

Mein persönlicher Mehrwert durch die Digital Academy ist sehr groß. Ganz besonders durch meine Entwicklung und die Fortschritte, die ich in jeder Hinsicht gemacht habe. Dazu zählt die Tatsache, dass ich viel bewusster mich selbst, meine Gedanken und Worte beobachte, um rechtzeitig festzustellen, wann ich wieder drohe, dem Gedankenkarussell zum Opfer zu fallen. Ich habe gelernt, dass aus dem Herzen getroffene Entscheidungen immer die richtigen sind und die persönliche Weiterentwicklung ist ein Lernprozess, der nie ein Ende nimmt, solange man offen und neugierig durchs Leben geht.

Zu den Erfolgserlebnissen in meinen Augen zählen unter anderem die vielen kleinen Dinge, die täglich gemeistert werden. Und andererseits ist die Ausbildung in der Digital Academy ein so großer Erfolg für mich.

Hier habe ich gelernt, frei über mich und meine Gedanken sprechen zu können.

Beim ersten Interview in der offenen Digital Academy Facebook Gruppe mit Janaina war ich so aufgeregt und verkrampft, dass mir auf die einfachsten Fragen spontan nichts eingefallen war. Aber jetzt habe ich erkannt, dass in Interviews die Menschen dich als Person sehen wollen, deine Gefühle spüren und deine Geschichte hören möchten und sicher nicht nur ein Idealbild vorgegaukelt bekommen wollen.

Mein Lebensmotto wechselt je nach Lebenslage und Lebenssituation. Aber folgender Satz von Oprah Winfrey beeindruckt mich sehr: „Forgiveness is giving up the hope that the past could have been any different“. Viele halten an Dingen in der Vergangenheit fest, die eventuell besser oder anders hätten laufen können. Das ist meiner Meinung nach reine Zeitverschwendung. Viel besser ist es doch, ein gutes Buch zu lesen oder sich mit jemandem zu unterhalten, der gewisse Hürden im Leben schon überwunden hat, denn das ist es, was dich in diesen Situationen weiterbringt. Das ständige Lernen und sich bewusst auf Neues einzulassen ist es, was dich immer mehr wachsen lässt.

**Nur durch das Nachdenken entkommst du einer Situation nicht. Es ist das Handeln, das dich weiterbringt.**

Du findest mich auf Facebook, Instagram und LinkedIn unter Anne-Marie Krall.

## Biggi Eugster

Hallo, ich bin Biggi, lebe mit meinen drei Katzen in der wundervollen Schweiz und habe kürzlich meinen fünften Runden gefeiert.

Seit nun schon über 20 Jahren arbeite ich in einem Unternehmen als Leitung der Buchhaltung. Meine Arbeit ist sehr umfangreich. Es gibt viele Termine, an denen das Projekt oder die Arbeit abgeschlossen sein muss, und daher ist es sehr stressig und fordernd. Regelmäßige Überstunden gehören für mich zum Alltag. Alle Bemühungen und auch all der persönliche Einsatz, den ich in meine Arbeit stecke, führen jedoch nicht zu Wertschätzung, Anerkennung oder einem harmonischen Teamwork. Die gegenseitige Wertschätzung der Chefetage und auch der Kollegen fehlt mir. Und daher ist das Arbeiten auch nicht mehr bereichernd und effektiv. Ganz im Gegenteil, die Situation wird immer schlimmer.

Aus dieser sehr unzufriedenen Lage heraus bin ich schon lange auf der Suche nach einer neuen Herausforderung. Einer Herausforderung, die mich innerlich erfüllt und bei der ich mehr Zeit für meine Herzensprojekte als freiwillige Helferin im Tierschutz habe.

Das wiederum ist ein Job, der gut zu meinen Werten und Interessen passt.

Nach dem Gesetz der Anziehung habe ich durch meinen intensiven Wunsch nach Veränderung Janaina mit ihrer neuen Idee angezogen. Ich lernte durch eine liebe Kollegin im Januar 2020 Janaina kennen und war sofort von ihrer Energie und ihrer Professionalität begeistert. Ich fand sie auf Anhieb cool. Sie ist ja auch Schweizerin, so wie ich, und energetisch schwammen wir auf einer Wellenlänge. Ich verfolgte sie weiter über Facebook und wurde Mitglied in ihrer FB Gruppe. Dort erfuhr ich auch von der neuen Digital Academy.

Am Ostersonntag, ich weiß es noch genau, habe ich das Video von Janaina gesehen, in dem sie die Ausbildung genau erklärte. Anmeldeschluss war ja schon am nächsten Tag, am Ostermontag!

Plötzlich gingen mir so viele Gedanken durch den Kopf. Gedanken wie: ‚Wie soll ich das finanzieren?', ‚Ist das das Richtige für mich?'

Aber ich erkannte auch die Chance, dass ich diese Ausbildung einerseits in Zukunft mit meinen Herzensprojekten verknüpfen kann und andererseits hätte ich dadurch die Möglichkeit, meine derzeitige berufliche Situation zu verändern.

In meinem Job war ich gerade in Kurzarbeit und hätte nebenher sogar die Zeit für diese Ausbildung. Aber für all jene, die Human Design kennen: Laut meinem Human Design Profil sollte ich eine Nacht über wichtige Entscheidungen schlafen. Am nächsten Morgen war dann für mich alles klar: ich springe! Ich springe für mich und für die Chance auf ein neues Abenteuer. Durch diese Entscheidung habe ich richtig gespürt, dass es so wichtig ist, endlich Selbstverantwortung zu übernehmen und neue Wege zu gehen.

Beim Vorstellungs-Call der ersten Ausbildungsrunde der Digital Academy fühlte ich mich sofort wohl. Gemeinsam mit anderen Frauen diese Reise zu starten, war etwas ganz Besonderes. Wir wuchsen auch zu einer freundschaftlichen Gruppe zusammen, die immer noch, auch nach Beendigung der Ausbildung, in Kontakt steht. Da in meiner bisherigen Arbeit das Teamwork und der Austausch nicht sehr gut funktionierten, schätze ich diese Art der Kommunikation zwischen den Teilnehmern untereinander und auch zwischen den Teilnehmern und den Experten sehr.

Eine der größten Herausforderungen der Digital Academy waren sicher die Live Videos. Da haben mich die Selbst- und die Fremdwahrnehmung sehr getriggert. Aber für meinen Lerneffekt, ich möchte mich ja weiterentwickeln, sehe ich mir meine Videos nachher immer an, damit ich immer besser werde. Eines meiner großen Ziele ist es nämlich, meine Überzeugungen und Werte auf authentische und sympathische Art und Weise zu übermitteln.

Ich möchte, dass die Menschen über den Tierschutz und den Umweltschutz gut informiert werden und sich Gedanken darüber machen, was jeder von uns dazu beitragen kann.

Daher sind meine Traumkunden Menschen, die die Liebe zu den Tieren, zur Umwelt und der Nachhaltigkeit mit mir teilen. Und durch die große Community und das gute Netzwerk bin ich mir jetzt schon sicher, dass ich diese Kunden finden werde. Die Digital Academy macht es möglich!

Die große Palette an Tools, die wir dort lernen und auch die Calls zu den Themen Technik und Mindset sind großartig. Da ich durch meine Vollzeitarbeit nicht immer bei den Calls live dabei sein konnte, hatte ich die Möglichkeit, diese später anzuschauen. So ist man immer auf dem Laufenden und verpasst nichts.

Ich habe auch bereits zwei Kunden in den Startlöchern, die sich schon auf eine Zusammenarbeit mit mir freuen.

Meine Positionierung sehe ich zurzeit in meinem Spezialgebiet, dem Finanzbereich und in der Buchhaltung. Später möchte ich das noch ausweiten auf den Marketingbereich und die Kommunikation. Sichtbar zu werden, ist für alle geplanten Projekte sehr wichtig.

Sehr spannend finde ich auch das Gestalten von Landing Pages, Word Press und auch das Organisieren von Online Kursen und Kongressen. Ich freue mich jetzt schon darauf, meine Fähigkeiten auch in diesen Bereichen beweisen zu können.

Zu meiner Persönlichkeit kann ich erzählen, dass ich schon sehr früh damit begonnen habe, an meinem Mindset zu arbeiten.

Ich bin als Einzelkind aufgewachsen und trotz einiger guter Freundinnen war ich sehr viel allein. In dieser Zeit habe ich mich schon intensiv mit mir selbst auseinandergesetzt. Und das mache ich heute noch. Denn ich habe erkannt, dass die Arbeit an mir selbst nie enden wird.

Durch die wertvollen Mindset Calls in der Digital Academy wurden mein Denken und meine Einstellung in vielen Dingen neu sortiert, gefestigt und gestärkt. Ich bin schon sehr viel gelassener und ruhiger geworden, gehe mit klaren Schritten meinem nächsten Ziel entgegen und übernehme immer mehr Selbstverantwortung.

Der gute Austausch in unserer Gruppe ist neben dem Erlernen der Tools und dem Aneignen der verschiedenen Strategien und vor allem der Mindset Arbeit so wichtig. Ich habe erkannt, dass man mit starken Gedanken, einem starken Selbstvertrauen und dem ehrlichen und authentischen, mit einem werteorientierten Auftreten zu ehrlichem Erfolg kommen kann.

Sicher gab es schon in meiner Schul- und Teenagerzeit einige Rückschläge. So habe ich nicht jede Prüfung auf Anhieb bestanden. Aber durch meinen Ehrgeiz und meine beharrlichen Bemühungen habe ich es dann doch noch geschafft. So konnte ich das negative Gefühl der Niederlage in ein positives Erlebnis umsetzen.

Besonders stolz bin ich auch auf meine Aerobic Ausbildung. Obwohl ich gar nicht der Typ dafür war, vor einer Gruppe den Ton anzugeben und im Mittelpunkt zu stehen, habe ich mein Selbstvertrauen dadurch stärken dürfen und meine Hemmschwelle, vor Leuten zu sprechen oder im Fokus zu sein, für diesen Moment überwunden. Auch wenn es immer wieder eine neue Herausforderung war, war ich schon sehr stolz, über meinen Schatten gesprungen zu sein und meine Komfortzone für diese tollen Momente verlassen zu haben. Beim Tanzen kann ich mich wundervoll entspannen und meine Energien mit der Musik und in den Bewegungen einfach fließen lassen.

Bewegung ist für mich ein sehr wichtiger Teil im Leben und auch bei meinen täglichen Ritualen spielt das eine große Rolle. Yoga auf meiner Terrasse, bewusstes Atmen, dazu mein warmes Zitronenwasser und die Vitamine stärken mich für den Tag. Auch schreibe ich meine Dankbarkeit, meine Affirmationen, meine Erkenntnisse und meine Kraftmacher täglich in ein kleines Buch. So halte ich meinen Körper, meinen Geist und meine Seele gesund und fit.

Heute, kurz nach meiner 6-monatigen Ausbildung in der Digital Academy, habe ich mich zu einer selbständigen und selbstbewussten OMA entwickelt. Und ich habe ich mich getraut und ... bin erneut gesprungen! Ich habe es getan, ich habe meinen ganzen Mut gesammelt und ich habe gekündigt.

Ich bin bereit für mein neues, selbstbestimmtes Leben!

Wow, was soll ich sagen, ich fühle mich befreit, auch wenn es nach über 23 Jahren nicht so einfach ist, loszulassen. Ich bin mir sicher, alles wird gut und ich kann endlich meine wertvolle, positive Energie in meine Herzensarbeit investieren. Meine beiden Lebensmottos, die mich die letzten Wochen und Monate begleitet und gestärkt haben lauten:

1. „Leben bedeutet nicht, auf den Sturm zu warten, sondern lernen, mit dem Regen zu tanzen."
2. „Um Großes zu erreichen, darf man den kleinen Dingen seine Wertschätzung schenken."

Darum freue ich mich, wenn auch du dich aus deiner Komfortzone traust, wenn du dir selbst erlaubst, Schritt für Schritt zu wachsen, denn alles fängt mit DIR an. #trauDicheinzigartig

#freeDifferentAndFullofLove

**Beautiful things happen when you keep your heart open!**

Du findest mich auf Facebook, Instagram und LinkedIn unter Biggi Eugster.

## Birgitt Peer

Hallo, ich bin Birgitt, wohne in Essen, geboren wurde ich aber im wunderschönen Tirol in Österreich.

Im Alter von vier Jahren bin ich mit meiner Mutter nach Deutschland gezogen und habe hier ganz schnell meinen Tiroler Dialekt komplett abgelegt. Wenn ich in den Bergen Urlaub mache, kommt aber immer noch ein wahnsinniges Heimatgefühl in mir hoch. Ich glaube, irgendwann möchte ich auch wieder dorthin zurück.

In Essen musste ich mich zunächst einmal einleben. Ich bin hier noch in den Kindergarten gegangen, habe nach der Grundschule ein Mädchengymnasium besucht und habe mein Abitur gemacht. Nach dem Abi wollte ich unbedingt etwas Kreatives machen. Ich wollte Visagistin oder Maskenbildnerin werden. Es hat mich schon immer fasziniert, was man mit Farben und Formen alles machen, bewirken und verändern kann. Ich habe die Visagistenausbildung in Köln gemacht. Vor dieser Ausbildung wurde den Azubis allerdings geraten, unbedingt auch eine Kosmetikausbildung zu absolvieren. Gesagt, getan. In Essen war ich also zuvor noch 1,5 Jahre an einer Schule für Ganzheitskosmetik und habe danach voller Eifer mit der Visagistenausbildung begonnen. Leider musste ich irgendwann feststellen, dass das Ganze finanziell nicht zu stemmen war. Denn diese Vollzeitausbildungen musste man privat bezahlen.

Nach einigem Hin und Her bin ich dann dem Weg meiner Mutter gefolgt und habe eine Ausbildung zur Bürokauffrau gemacht. Ich war in verschiedenen Firmen in unterschiedlichsten Branchen tätig. So zum Beispiel in der Modebranche, in der Versicherungswelt, bei einem Zwangsverwalter und auch in der Immobilienbranche.

Und dann bekam ich ein einmaliges Angebot in der Musikbranche. Ich wurde gefragt, ob ich für einen der bekanntesten deutschen Schlagersänger arbeiten möchte. Natürlich habe ich sofort Ja gesagt. Und so begann eine ganz tolle Reise für mich. Ich lernte meine Begeisterung für den Event- und Organisationsbereich kennen, durfte wundervolle Erfahrungen machen, wie Begleitung zu Auftritten, Tourbegleitung und -organisation, Fantreffen und lernte so das tägliche Leben eines bekannten Musikers kennenlernen. Für diese Erfahrungen bin ich mehr als dankbar. Ich konnte in dieser Zeit wirklich viel für mich mitnehmen. Leider hatte diese Zeit aber auch irgendwann ein Ende.

Ich bin dann zurückgegangen in das „normale" Berufsleben und raus aus der Künstlerwelt. Jetzt arbeite ich in einer Firma für Sicherheitstechnik. Ich bin dort zuständig für verschiedene Projekte, wie zum Beispiel das Projekt Website oder die Einführung eines neuen Betriebssystems und die Einschulung der Mitarbeiter. Ich liebe es, selbständig zu arbeiten, liebe es, Lösungen zu finden und gesetzte Ziele auf meine Weise zu erreichen.

Mein „Warum" und mein „Wieso" ich die Ausbildung in der Digital Academy begonnen habe, würde ich so beschreiben: In den letzten Jahren habe ich immer in der Position der Assistentin der Geschäftsleitung oder Betriebsleitung gearbeitet. Und trotz der vielen Stellen und Arbeitsplätze, in denen ich bereits tätig war, bin ich nach gut 1½ Jahren immer wieder an den Punkt gekommen, dass es mir zu eng wurde, dass ich eine Veränderung gebraucht habe, dass es mir zu langweilig wurde, dass ich mehr Freiheiten und vor allem, dass ich mehr Wertschätzung für meine Arbeit haben wollte. Immer wenn ich mich eingearbeitet hatte, kam sozusagen der Büroalltag. Ich wollte das nicht mehr. Ich verlor das Interesse und vor allem den Spaß und somit auch die Motivation daran. Es hat lange gedauert und ich habe mich viel mit mir selbst beschäftigt, an Coachings teilgenommen und mich immer mehr gefunden. Bis ich dann verstanden habe, dass ich viel freier sein und keine Aufgaben mehr machen möchte, zu denen ich überhaupt keine Lust habe. Durch die Zusammenarbeit mit den unterschiedlichsten Vorgesetzten und Mitarbeitern habe ich auch einige Mobbingerfahrungen gemacht, die natürlich nicht einfach an mir abprallten.

Ich habe festgestellt, dass mir die Freude an der Arbeit fehlte, dass ich gerne selbstbestimmt arbeiten möchte und vor allem mit Menschen, die zu mir passen und mit denen es einfach Spaß macht und mit denen ich zusammen etwas bewegen kann. Und das kann ich nur dann, wenn ich mit Menschen zusammenarbeite, mit denen ich mich gut verstehe und auf einer Wellenlänge bin - eben als richtiges Team, entweder zu zweit oder mit mehreren. Und das ist in einer Firma, in der die Menschen wahllos zusammengewürfelt werden, einfach nicht möglich. Wenn die Personen allerdings gut zusammenpassen, liebe ich es sehr, in einem Team zu arbeiten. Es macht einfach so viel Spaß und das, was man in einem guten Team erreicht, ist oft unschlagbar.

Und so habe ich mich auf die Suche gemacht nach einer Alternative zu meinem festen Job, bei der ich ganz unabhängig von Zeit und Raum und vor allem selbstbestimmt arbeiten kann. Trotzdem sollte die neue Tätigkeit so aufgestellt sein, dass ich meine bisherigen Erfahrungen einfließen lassen kann und ich mich nicht komplett umorientieren muss.

Durch eine liebe Bekannte, die auch selbst ein erfolgreiches Online Business hat, bin ich dann auf die Digital Academy gestoßen. Nach einem Telefonat mit Janaina am Freitagabend (am Montag darauf war bereits der Start der 2. Runde) habe ich mich über das Wochenende schnell entschlossen, dabei sein zu wollen und mich auch gleich angemeldet.

Diese Entscheidung war absolut richtig für mich. Nach kurzer Zeit hatte ich bereits die ersten Kunden. So habe ich auch erfahren, dass jeder Kunde unterschiedlich ist und nicht jeder ein Traumkunde sein kann. Aber wir lernen ja, wie wir unsere Traumkunden anziehen können. In einem Mindset Call in der DIGI wurde uns gesagt, dass es sehr wichtig ist, sich ein klares Bild von seinen Traumkunden zu machen.

Aber diese Erfahrung erlangst du meiner Meinung nach erst dann, wenn du mit verschiedenen Kunden gearbeitet hast.

Meine Positionierung liegt ganz klar im Eventbereich und im Projektmanagement. Dort möchte ich hin. Das stupide Abarbeiten liegt mir überhaupt nicht. Ich liebe es, zu strukturieren und zu organisieren, Dinge im Blick zu haben und die Fäden beisammen zu halten. Daher soll mein Fokus im Bereich Online  und Offline Events liegen. Neben Online Kongressen oder Online Workshops kann ich mir auch gut vorstellen, bei Offline Veranstaltungen mitzuwirken und auch vor Ort dabei zu sein, um alles zu koordinieren. Ich finde nämlich persönliche Kundenkontakte sehr schön und das ist in diesem Bereich natürlich absolut möglich.

Ich behalte den Überblick bei einem Event, halte die Fäden in der Hand und koordiniere alles, damit die Veranstaltung zu einem großen Erfolg wird. Auch möchte ich mich in das Thema Online Kongresse und Online Workshops einarbeiten und suche daher einen Praktikumsplatz oder ein Team, bei dem ich schon mitwirken kann, um Erfahrungen zu sammeln. Ich freue mich über jedes Angebot und jede Möglichkeit! Zudem möchte ich mich auch noch im Bereich Grafikdesign weiterbilden. Denn kreativ bin ich nach wie vor sehr gerne.

Auch kann ich mir vorstellen, irgendwann ein Team von VAs zu leiten oder einem Team anzugehören, in dem jede genau die Arbeit machen kann, die sie gerne macht. Die Möglichkeit, Arbeiten an andere OMAs abzugeben, finde ich perfekt. So kann sich jeder auf seine eigene Expertise konzentrieren und beste Ergebnisse erzielen.

Es gibt für jeden genau das Richtige und es ist auch sehr wichtig, dass die Arbeit Spaß macht. Was ich gerne mache, mache ich mit Leidenschaft. Und was ich mit Leidenschaft mache, mache ich gut. Und durch die Energie eines Teams kann dann Großartiges entstehen. Es soll sich nicht nach Arbeit anfühlen, es soll einfach Freude machen.

Meine Werte sind Selbstbestimmung, Freiheit, Authentizität, Loyalität und Verlässlichkeit. Und mit einem Team zu arbeiten, das die gleichen Ziele und Werte hat wie ich, inspiriert mich sehr.

Neben meinem Hauptjob habe ich bereits ein Nebengewerbe angemeldet und möchte im Jahr 2021 wahrscheinlich in die Vollselbständigkeit gehen.

Die größte Herausforderung während der Ausbildung in der Digital Academy war für mich sicher das Sichtbar werden, die Live Videos in der Facebook Gruppe. Da habe ich noch einmal so richtig gemerkt, welche persönlichen Themen bei mir aufkommen. Auch hat es mich sehr gestresst, dass es in der Gruppe Mädels gibt, die viel aktiver sind als ich und gleich voll durchgestartet sind.

Durch die Mindset Arbeit habe ich aber gelernt und begriffen, dass es nicht darauf ankommt, was die anderen machen. Ich gehe meinen eigenen Weg in meinem eigenen Tempo und mit meinen eigenen Schritten. Ich bin gut so, wie ich bin und ich muss mich nicht vergleichen, jeder ist anders und nur weil ich eher ruhiger und im Hintergrund bin, heißt das nicht, dass ich nicht gut bin.

Auch die Arbeit am Money Mindset finde ich sehr wichtig. Denn ohne gutes Money Mindset bleibt der finanzielle Erfolg wahrscheinlich aus.

In meinem Leben gab es auch schon dunkle Seiten, denn ich hatte vor langer Zeit Depressionen. Ich spreche nicht gerne über dieses Thema, denn viele können damit nicht umgehen, was ich auch verstehe.

Ich wollte früher immer gefallen, wollte keine Eckpunkte für Kritik liefern und so schlitterte ich immer tiefer in die Fremdbestimmung und somit in eine Depression. Ich kannte mich selbst nicht mehr. Auf dem Weg zurück erkannte ich, dass ich mein Leben selbst in die Hand nehmen und aus der Fremdbestimmtheit in die Selbstbestimmtheit kommen muss.

Heute geht es mir sehr gut und ich weiß genau, was ich möchte und auch, wer ich bin. Sicherlich hat die harte Zeit ihren Teil dazu beigetragen, dass ich heute die bin, die ich bin. Und ich liebe mich so, wie ich bin!

Meine Persönlichkeitscoachings und die Persönlichkeitsentwicklung haben mir sehr viel Spaß gemacht und das tun sie auch heute noch. Die erreichten Fortschritte haben mich sehr gestärkt und weitergebracht. Mir wurde bewusst, dass es wichtig ist, auf sich selbst zu schauen und in sich und seine Arbeit zu investieren. Und genau das wird einem auch in der Digital Academy beigebracht.

Jeden Abend, wenn ich schon im Bett liege, schreibe ich auf, wofür ich dankbar bin und notiere mir die Kleinigkeiten, die ich am Tag gut gemacht habe und auch meine to do's für den nächsten Tag werden kurz notiert. Dann nehme ich ein Buch in die Hand und lese noch 5 bis 10 Seiten, um in Ruhe einzuschlafen.

Was ich abschließend noch sagen möchte: Es gibt Situationen, in denen man gefallen will und daher passt man sich oft an. Bewusst oder unbewusst. Aber es ist so wichtig, sich selbst treu zu bleiben und nicht immer den Erwartungen anderer entsprechen zu wollen. Jeder ist perfekt, so wie er ist.

Daher mein Lebensmotto: „Sei einfach DU!“

Du findest mich auf Facebook, Instagram und LinkedIn unter Birgitt Peer

## Christine Lederer

Hallo, ich bin Christine, komme aus Tirol in Österreich und seit ich 36 Jahre alt bin, arbeite ich als Online Management Assistant und das sage ich voller Stolz, denn ich habe meinen Traumberuf gefunden.

Das war aber nicht immer so.

Im März 2020 gab es einen Wendepunkt in meinem Leben. Bei meiner Arbeit im Büro bekam ich immer öfter zu hören, dass Proaktivität und meine Meinung nicht gefragt sind. Irgendwann war kein Vertrauen mehr da zwischen den Vorgesetzten und mir, ich habe nur noch abgearbeitet und war unzufrieden. Es gab keine gegenseitige Wertschätzung mehr. Die Stimmung im Büro war am Tiefpunkt.

So wie Janaina einmal in einem Mindset Call erwähnt hatte: Es kommt einmal der Moment, an dem man es nicht mehr aushält. Und dieser Moment kam dann in besagtem März 2020. Mein Körper machte mir durch Müdigkeit, Bauchschmerzen und eine andauernde Gereiztheit ganz deutlich klar, dass ich die Notbremse ziehen muss. So habe ich dann von einem Tag auf den anderen gekündigt.

Die erste Zeit danach ging es mir noch sehr schlecht, aber dann rappelte ich mich wieder auf und schöpfte neue Kraft und

Lebensfreude. Genau in dieser Zeit habe ich über Facebook von der Digital Academy erfahren. Ich kann nicht mehr sagen, wie und warum. Ich bin aber davon überzeugt, dass das vom Universum geleitet war.

Ich wurde Mitglied der Facebook Gruppe der jetzigen Digital Academy Lounge und wurde sprichwörtlich von der Community und dem Thema Onlinebusiness mitgerissen.

Ursprünglich komme ich aus der Tourismusbranche. Daher bin ich eine totale Quereinsteigerin.

Ich habe zwar bisher die gängigen Programme am Computer beherrscht, mehr aber auch nicht. Durch ein Interview, das ich in dieser Gruppe sah, habe ich dann meine letzten Zweifel beseitigt und mir war klar, dass ich diese Ausbildung machen will und muss.

Durch meine Kinder, meinen Mann und auch meine Eltern bin ich zu der Person geworden, die ich heute bin. Diese Familienbande und die Zusammengehörigkeit haben mich geprägt und geformt. Aber wenn ich etwas ändern könnte, dann würde ich einige Jahre zurückdrehen und hätte schon viel eher mit dem Beruf OMA gestartet. Spät, aber doch kam die Erkenntnis, dass es neben den bekannten, klassischen Berufen noch viel mehr gibt. Ich hätte schon viel früher damit begonnen, mich auf das Online Business zu konzentrieren. Denn heute habe ich die vielfältigen Möglichkeiten erkannt und nutze die Chancen.

Meine Einzigartigkeit ist sicher meine Unkompliziertheit und auch, dass ich gerne anderen Menschen bei ihrer Weiterentwicklung helfe. Und ich glaube daran, dass man gemeinsam etwas Großes kreieren kann.

Zu den größten Erfolgen in meinem Leben zählen auf der einen Seite sicher meine Kinder und auf der anderen Seite die vielen Erfolgserlebnisse, die ich schon während der Ausbildung in der Digital Academy feiern konnte. Durch die DIGI ist das Generieren von Kunden einfach und es funktioniert auch, wie man an meinem Beispiel eindeutig sehen kann. Ich habe bereits nach den ersten Wochen Kunden gewonnen und mein Leben wurde durch diese Ausbildung und die Chance, viel freier und selbstbestimmter arbeiten zu können, viel einfacher. Denn nun konnte ich immer zuhause und für meine Kinder da sein. Auf einmal war es möglich, Kinder, Haushalt und Arbeit in Einklang zu bringen.

Mit meinen ersten zwei Kunden macht das Arbeiten sehr viel Spaß, denn durch sie habe ich Wertschätzung und Freundlichkeit im Job erfahren dürfen. Die Chemie zwischen uns hat von Anfang an gepasst. Und das Zugeständnis meiner Kundin, dass ich die Einzige der vielen Bewerber bin, mit der sie persönlich spricht, hat mich so stolz gemacht.

In den Mindset Calls habe ich gelernt, dass das Vertrauen in mich und in meine Fähigkeiten mich stetig Stück für Stück weiterbringt. Auch konnte ich in diesen Calls viele meiner negativen Glaubenssätze auflösen, die mir bis dahin noch gar nicht bewusst waren. Das war ein großes Learning für mich.

Meine größte Herausforderung aber war das Zeitmanagement. Durch Corona waren wir alle zu Hause und mussten erst lernen, mit dieser neuen Situation, diesem neuen Alltag zurechtzukommen. In dieser Zeit war es sehr wichtig, dass jedes Familienmitglied seinen Tag genau plant, die Kinder für das Distance Learning und mein Mann und ich für das Homeoffice. Ein reibungsloser Ablauf des Tages musste neu gefunden werden. Ich habe begonnen, mir jeden Morgen eine to do Liste zu schreiben, damit mein Tag ausgefüllt ist und ich am Abend reflektieren konnte, was ich alles trotz der verrückten Zeit erledigt habe.

Jetzt, die Kinder sind wieder in der Schule, setze ich mich am Morgen hin, schreibe mein 6-Minuten-Tagebuch, in das ich jeden Tag meine Dankbarkeit, Aufgaben und Vorhaben eintrage, und erstelle weiterhin meine to do Liste. Danach steht der Haushalt auf dem Plan und dann geht es ans Arbeiten. Es kommt mir aber nicht wie Arbeiten vor. Denn ich kann jetzt machen, was mir Freude bereitet und das auch noch für Kunden, die ich mir ausgesucht habe. Dabei vergesse ich oft die Zeit. Wenn die Kinder am Nachmittag zu Hause sind und ihre Hausaufgaben machen, nutze ich die Zeit und arbeite an meinem Business. Diese Kombination zwischen Kinderbetreuung und meinem Business ist genial. Meine Arbeitszeit selbst einteilen und gestalten zu können, ist ein Traum.

Diese Freiheit genieße ich in vollen Zügen und ich bin jeden Tag dankbar für diese neu gewonnene Chance.

Zurzeit fühle ich mich so stark und im Flow und hoffe nur, dass das alles noch sehr lange anhält.

Als OMA spezialisiere ich mich auf den Technikbereich, wie zum Beispiel das Erstellen von Onlinekursen und Homepages, Prozesse optimieren. Vermarktung von Büchern meiner Kunden. Das ist in der Tat eine Spezialisierung, die ich fokussieren werde, da diese Arbeit mir riesigen Spaß macht und ich immer schon ein Bücherwurm war.

Was ich unbedingt lernen und perfektionieren möchte ist die YouTube-Strategie.

Als Kind wurde mir immer gesagt, dass ich nicht schreiben kann und nicht kreativ bin. Aber dieser alte Glaubenssatz wurde durch meine Kundin aufgelöst. Denn von meinen ersten beiden Newslettern war sie regelrecht begeistert. Diese Anerkennung tut einfach gut und bestärkt mich, weiter zu machen, alte Denkmuster aufzulösen und sie neu zu formulieren.

Wertschätzung und das gegenseitige Miteinander zwischen dem Kunden und mir gehören zu meinen Werten. Auch, dass meine Meinung, mein Content, zu bestimmten Themen gehört und akzeptiert wird.

Die Ziele, die ich mir gesetzt habe, sind richtig groß, richtige „C-Ziele“ sozusagen. Meine Vision ist es, ein Business aufzubauen mit vielen Virtuellen AssistentInnen und Online Management Assistants, um andere Menschen zu unterstützen, wiederum ihr Business aufzubauen, zu forcieren oder auf das nächste Level zu bringen. Denn nur gemeinsam können wir Großes erreichen. Gemeinsam wird es riesig!

Den Mehrwert der Digital Academy sehe ich in meiner Persönlichkeitsentwicklung. Durch die Arbeit am Mindset begab ich mich auf eine persönliche Reise und lernte mich selbst ganz anders kennen. Durch diese Arbeit habe ich jetzt mehr Zeit für mich, mehr Zeit für mein Leben und mehr Freiheit, das zu tun, was ich gerne tun möchte.

Durch die Academy hat sich mein ganzes Leben verändert. Das schönste Geschenk war sicher, als meine Kinder zu mir gesagt haben: „Mama, du bist immer so gut gelaunt, du lachst so viel und bist nicht mehr gestresst.“ Mein Leben ist jetzt gechillt und hat einen ganz anderen Modus bekommen. Und ich vertraue ganz fest darauf, dass das alles so funktioniert und weiter geht.

Die größte Herausforderung in der Academy war der Beginn. In der ersten Zeit ging alles Schlag auf Schlag und die Module waren sehr intensiv.

Und da immer am Ball und auf dem Laufenden zu bleiben, hat mich in dieser Zeit schon etwas gefordert. All die verschiedensten Tools mussten ausprobiert und getestet werden und zu Beginn war das sehr viel für mich als totale Quereinsteigerin. Ich habe also begonnen, meinen Tag zu organisieren und zu strukturieren und mein Ziel war es, die wöchentlichen Tools immer so zeitnah wie möglich anzusehen und auch auszuprobieren.

Die erste Zeit hat das super funktioniert, aber dann kam die Phase der Bewerbungen, um Kunden zu gewinnen. Der Fokus verschob sich dadurch. Das ist der Schritt hinaus aus der Komfortzone und hinein in die Sichtbarkeit.

Aber jeder hat glücklicherweise die Möglichkeit, alle Module und Calls jederzeit anzusehen und so wird nichts versäumt.

Mein Lebensmotto ist:

**„Lebe jeden Tag so, als wäre es dein letzter!“**

Du findest mich auf Facebook, Instagram und LinkedIn unter Christine Lederer.

## Denise Seemann

Hallo, ich bin Denise Seemann, 42 Jahre alt und alleinerziehende Mutter eine wundervollen, 16-jährigen Tochter. Ich habe bereits zwei vollwertige Ausbildungen absolviert, den IHK-Ausbilderschein gemacht und viele berufliche Gebiete kennenlernen dürfen. Meine Berufswelt führte mich vom Hotelgewerbe über das Qualitätsmanagement bis hin ins Büroleben.

Derzeit bringe ich eine Vollzeitbeschäftigung, einen Nebenjob und ein Nebengewerbe, den Haushalt und meine Tochter unter einen Hut. Und als sei das nicht genug, seit August 2020 mache ich die Ausbildung in der Digital Academy. Ja, das klingt viel und ich muss gestehen, dass ich mit den Modulen in der DIGI hinterherhinke. Aber seit Januar 2021 hat sich das geändert, dann da habe ich meine damalige Vollanstellung um 20 Stunden reduziert. Das erste Mal in meiner beruflichen Laufbahn ging ich in Teilzeit arbeiten. Ich musste meinem Tag eine andere Struktur geben, um wieder Luft zum Atmen und für meine Fortbildung zu bekommen. Denn mein Ziel ist die Vollselbständigkeit in 2021.

Gerade jetzt da ich diese Zeilen schreibe stehen nämlich die Module in der Academy auf dem Programm, die mich sehr interessieren: YouTube Strategie und die E-Mail-Automation mit Active Campaign. Und ich will das unbedingt wissen, denn ich kann es super für mein eigenes, geplantes Coaching Programm einsetzen. Ich habe zwar keinen Druck, ganz im Gegenteil, ich habe alle Zeit der Welt, aber ich habe mir fest vorgenommen, diese bis Ende Jänner 2021 zu lernen, damit ich mein Wissen aus diesen Bausteinen/Modulen meinen Kunden anbieten und damit Geld verdienen kann. Und wenn ich mir etwas vornehme, dann ziehe ich das auch durch.

Durch meinen Haupt- und Nebenjob bin ich schon seit 2012 als antiquarische Mitarbeiterin im Homeoffice tätig. In der Nebentätigkeit erledige ich die Buchhaltung für meine Kunden. Daher bringe ich schon Erfahrung aus der Onlinewelt mit.

Und durch die Digital Academy habe ich die Chance, all die Tools und Prozesse zu erlernen, die ich derzeit noch nicht beherrsche, andere zu vertiefen und diese miteinander zu verzahnen.

Die Digital Academy habe ich durch Monika Wittor kennengelernt. Sie kenne ich privat bereits seit 2019 und konnte ihre Entwicklung mithilfe der OMA 1 Ausbildung aus der Ferne verfolgen. Bereits im März hat mir Moni davon erzählt. Aber damals hatte ich noch kein Interesse, ich hatte noch ganz andere Pläne im Kopf. Aber wie heißt es doch, die Dinge kommen immer auf dich zu, wenn du bereit für sie bist. Und so kam es bei mir auch. Im Mai/Juni 2020 war ich gesundheitlich außer Gefecht gesetzt und verbrachte dabei viel Zeit mit meinem Handy und auf Facebook. So stolperte ich dann wieder über die Facebook Einladung von Monika für die DA Ausbildung.

Ich dachte kurz darüber nach, aber die Entscheidung, bei der OMA3 Runde dabei zu sein, habe ich dann relativ schnell getroffen und war dann mehr als aufgeregt und startklar. Ich wollte endlich loslegen und musste erst einmal warten, denn der Beginn der Ausbildung war erst am 17. August 2020

Seit Jahren arbeite ich schon mehrgleisig. Ich bin ein Mensch, der diese Herausforderung sucht. Ich brauche einen Job, der mich fordert und einen anderen, den ich so nebenbei erledigen kann. Dieser Ausgleich war für mich schon immer sehr wichtig. Denn einen Job, der beides vereint, gab es bisher bei mir nicht.

In meinem jetzigen Vollzeitjob bin ich vor sechs Jahren gelandet, aber das war nicht so, dass ich das unbedingt wollte. Da kam mein

Chef auf mich zu und hat mir den Wechsel vom Nebenjob in die Vollzeit angeboten. Für mich war das damals nur ein Job aus der Not heraus. Denn ich hatte überraschend meinen Vollzeitjob verloren Ich musste wieder etwas in meinem Leben verändern. Ich war bereit für ein Next Level. Die Selbständigkeit geisterte schon seit Jahren in meinem Kopf herum. Nur wusste ich nicht, womit ich mich selbständig machen sollte. Seit dem August 2018 habe ich mein WARUM gefunden und arbeite seitdem nebenberuflich selbständig.

Durch das besondere Frühjahr 2020 habe ich fast alle Offline Kunden verloren. So nutzte ich die freie Zeit und stieg in die Ausbildung der Digital Academy ein. Ich sah die Möglichkeit, mein Wissen zu erweitern und schneller voran zu kommen und auch neue Gebiete außerhalb meiner gewohnten Aufgaben zu erlernen und mein Online Business zu etablieren. Diesen Schritt machte ich nicht, um selbständig zu werden, das war ich ja bereits, vielmehr ging es mir darum, Folgendes zu lernen: Wie kann ich das Internet für mich nutzen, ohne dass ich Geld verbrenne? Ich hatte sowohl Facebook und Google Ads ausprobiert für die Werbung für mein Unternehmen. An der Sichtbarkeit in der Online Welt haperte es jedoch. Das weiß ich jetzt. Und da ich ja technikaffin bin, haben mich auch hauptsächlich nur diese Tools interessiert. Mir ging es darum: Wie kann ich die Technik Tools zeiteffizient erlernen? Ständig irgendwelche kostenlosen YouTube Videos reinzuziehen, kosteten mich Zeit und Nerven.

Und so musste für mich eine Lösung her und diese Ausbildung ist komprimiert und auf den Punkt gebracht. Genau so wie ich es mir vorgestellt habe. Und daher habe ich auch nicht lange gezögert und die Entscheidung für diese Ausbildung dauerte keine 48 Stunden. Und den Mehrwert sehe ich bis jetzt darin, dass ich durch meine

Berufserfahrung in der Buchhaltung und auch durch Empfehlungen in der Community bereits einige neue Kunden gewinnen konnte. Die Arbeiten, die ich früher für meine Kunden offline erledigt habe, erledige ich jetzt online. Auch habe ich festgestellt, dass es in der Onlinewelt viel einfacher ist, neue Kunden zu generieren als in der Offlinewelt. Mein Name schwirrt jetzt schon durch das Netz und dadurch kommen neue Interessenten.

Die Sichtbarkeit und die Community im Netz sind das A&O für jedes Business. Diese Dynamik dahinter ist unbezahlbar und auch nicht steuerbar.

Und da jetzt die technischen Tools auf dem Programm stehen und ich ja seit Jänner 2021 mehr Zeit für die Ausbildung habe, kommt auch noch ein großer Mehrwert hinzu. Denn genau wegen dieser Tools hatte ich mich ja angemeldet. Die will ich auch unbedingt können, wie zum Beispiel E-Mail-Marketing, YouTube oder Wordpress. Ich wollte mein bisheriges Business voranbringen. Auch wurde meine Idee von meinem eigenen Finanzbuch und Coaching wieder aktuell. Jetzt habe ich alle technischen Tools an der Hand, um es umzusetzen und zu Geld zu machen. Das war mein Ziel, mein WARUM ich mich für die DIGI entschieden habe. Nur die Zeit fehlte. Naja, nicht ganz. Meine eigene Facebook Gruppe mit meinem Content zu füllen und andere partizipieren zu lassen, war schon ein Meilenstein. Und die Umsetzung, das WIE, habe ich in der DIGI gelernt.

Bis jetzt war der Zeitfaktor eine der größten Herausforderungen während der Ausbildung. Als die ersten Kundenanfragen kamen, musste ich mich entscheiden, ziehe ich die Ausbildung im vorgegebenen Zeitplan durch oder nutze ich die Zeit für meine Kunden? Und die Entscheidung war für mich selbstverständlich: Ich habe mich für meine Kunden entschieden. Denn die Module der

Academy bleiben ja bestehen und die kann ich dann zu einem späteren Zeitpunkt nachholen.

Dadurch steht auch meine klare Positionierung, mein Schwerpunkt, noch nicht fest. Was aber eigentlich auch nicht zu mir passt, ist nur eines anzubieten.

Denn das, was ich jetzt gerade mache, das kann ich, das mache ich schon immer. Aber ich bin so gespannt auf das Neue, auf das, was mich noch erwartet. Ganz oben auf meiner Interessenliste stehen Automationen und ein ganz großes Thema für mich ist natürlich die eigene Homepage via WordPress, die ich pünktlich zum neuen Jahr 2021 erfolgreich online gestellt habe.

Eigentlich wollte ich mich aus der Finanzbranche, der Buchhaltung verabschieden. Doch Janaina hatte mich während einem der Mindset Calls mal gefragt, was wäre, wenn mir diese Arbeit wieder Spaß machen würde? Und sie hat Recht behalten, denn durch die neuen Kunden habe ich erkannt, dass die Onlinekunden ganz anders ticken.

Erklären könnte ich das so, dass du in der Offlinewelt dem Kunden zuerst erklären musst, was er für einen Mehrwert hat, wenn er mit dir arbeitet. Das beginnt mit der leidigen Diskussion um den Stundenlohn und endet mit Erklärungen, warum ich diesen Stundenlohn wert bin und was ich alles kann und mitbringe. Und in der Onlinewelt fragen sie nur: „Wann kannst du anfangen?“ Effektivität zählt und da bin ich super. Hier gibt es diese sinnlosen Diskussionen nicht. Und diese Erfahrung ist so erleichternd, dass sich schon alleine dafür die Investition in die Academy für mich ausgezahlt hat.

Für mich persönlich und auch für die Zusammenarbeit mit meinen Kunden stehen Ehrlichkeit, Transparenz und Klartext reden im Fokus. Auch bin ich immer offen für neue Sachen. Da ich immer am Lernen bin und mich immer fortbilde, erwarte ich von meinem Gegenüber, mich darin nicht auszubremsen.

2021 starte ich bereits den ersten Versuch, frei und ortsungebunden zu arbeiten. Ich plane, zusammen mit meiner Tochter, auf eine zweimonatige Workation zu gehen. Und wer mich kennt, der weiß auch genau, wohin es geht. Denn für mich gibt es nur ein Traumziel, nämlich Italien. Ich liebe die italienische Lebenseinstellung und der entspanntere Umgang miteinander.

Doch mein großes Zukunftsziel ist es ab 2022 ein halbes Jahr in Italien zu leben und das andere halbe Jahr in Deutschland. Wenn mir der Sommer im Süden zu heiß ist, dann komme ich nach Deutschland und umgekehrt, wenn mir der Winter in Deutschland zu kalt und zu nass ist, dann bin ich im wärmeren Italien. Die Vorbereitungen dafür sind schon im vollen Gange, denn ich habe mir vorgenommen, dass ich ab einem Alter von 50 Jahren nur noch das arbeite, was mir Spaß macht, wo, wann und mit wem. Und darauf freue ich mich jetzt schon riesig.

Durch meine bewegte Kindheit habe ich die Erfahrung gemacht, immer weiter zu gehen im Leben. Und das spiegelt sich auch heute in meinem Leben wider. Etwa alle vier Jahre suchte ich mir einen neuen Job. Da ich ein typischer Strukturmensch bin, arbeitete ich so lange an einer Stelle, bis alles aufgeräumt war, dann zog ich weiter.

Ein großer Wendepunkt in meinem Leben war im Jahr 2010 erst meine Burnout Diagnose und später die Scheidung von meinem Mann. 2010 war eine Umkehr um 180° mit 0 Euro, ohne Wohnung, ohne Job und mit Kleinkind. Diese Lebenskrise fühlte sich im Rückblick wie ein Befreiungsschlag an. Ich konnte lernen, wieder auf eigenen Füßen zu stehen und musste mich nicht mehr bevormunden lassen oder faule Kompromisse eingehen. Und ich bin so stolz, es gemeistert zu haben.

Das größte Erfolgserlebnis in meinem Leben ist sicher meine Tochter. Denn trotz des Teenageralters, in dem sie gerade steckt, haben wir ein ausgezeichnetes Verhältnis miteinander. Wir können über alles sprechen und das macht mich unsagbar stolz.

Ein weiteres Erfolgserlebnis ist die Gründung meiner Firma. Ich wusste zwar, dass ich mich irgendwann selbständig machen werde, aber nicht wie. Und im Sommer 2018 hatte ich dann endlich die zündende Idee: Ich möchte Menschen dabei unterstützen, ihr Leben an einem Tiefpunkt wieder selbst unter Kontrolle zu bekommen - sei es eine Scheidung, ein Todesfall oder chaotische Finanzdinge. Ich kann dadurch selbst bestimmen mit wem und was ich arbeiten möchte.

Ich bin ein Mensch, der sagt, was er denkt und damit sind nicht immer alle Chefs und Kollegen klargekommen. Mit meinem jetzigen Chef funktioniert das einwandfrei, denn den habe ich erst jetzt, wegen der Stundenreduzierung nach knapp zwei Jahren das erste Mal wiedergesehen. Ich kann dort frei und selbstbestimmt arbeiten, es muss nur die Sollvorgabe am Ende des Monats erledigt sein.

Dadurch, dass ich meine Arbeit seit Jahren sehr frei einteilen und gestalten kann, bin ich sehr zufrieden und glücklich. Im Moment würde ich daher auch nichts ändern wollen. Nur den immensen beruflichen Zeitdruck herunterfahren.

Zurzeit genieße ich mein freies Leben in vollen Zügen und kann mir auch viele Wünsche, die ich habe, erfüllen.

So kann ich am Morgen in Ruhe meine Tochter in die Schule verabschieden und dann mit einem Kaffee am Rechner sitzen. Das Pendeln zum Arbeitgeber entfällt und ich kann diese Zeit schon gleich nutzen. Denn ich bin am Morgen sehr leistungsfähig und am Nachmittag brauche ich dann eine Auszeit. Und die gönne ich mir dann auch und verbringe Zeit mit meiner Tochter. Ab 17Uhr geht es dann wieder los. Denn dann laufe ich wieder auf Hochtouren.

Meine Einzigartigkeit ist wahrscheinlich meine große Allgemeinbildung. Man nennt mich hin und wieder ein wandelndes Lexikon. Ich habe ständig neue Ideen. Ich sehe die Möglichkeiten für mein Business. Ich bin ständig am Lernen, ständig am Aufnehmen durch meinen eingebauten Scanner. Alles, was ich nur aus dem Augenwinkel sehe, wird gespeichert und abgelegt und ist auch jederzeit abrufbar. Und es kommt nicht selten vor, dass ich fünf Bücher verschiedenster Couleur gleichzeitig lese. Und dazu kommt noch, dass ich ein fotografisches Gedächtnis habe.

Aber dadurch, dass mein Gehirn ständig am Aufnehmen und Verarbeiten ist, finde ich sehr schwer Ruhe. Urlaube unter drei Wochen bringen bei mir überhaupt nichts. Und was ist da genialer, als Arbeit mit Urlaub zu verbinden? Eben Workation. Wenn ich den Chillmodus erreicht habe, kann die Erholung beginnen.

Und davon leitet sich auch mein Lebensmotto ab: Genieße jeden Tag, denn wir sind nur einmal jung. Mach das Beste für dich und deine Lieben und lebe dein Leben.

Daher ist mein Lebensmotto:

**„Gib jedem Tag die Chance, der schönste deines Lebens zu werden!"**

- Mark Twain -

Du findest mich auf Facebook und LinkedIn unter Denise Seemann.

www.deniseseemann.com

## Efthalia Amprazi

Hallo, ich bin die Efthalia, kurz Lia genannt, und habe einen Sohn im Vorschulalter. Ich bin in Deutschland geboren, habe hier die Schule besucht und auch beendet und bin mit 19 Jahren aus eigenem Willen und nicht zur Freude meiner Familie nach Griechenland gezogen.

Warum gerade Griechenland? Meine Eltern kommen von dort und da wollte ich auch immer hin. Zurück zu den Wurzeln sozusagen. Ich habe dort glückliche 15 Jahre gelebt, bis es beruflich, aufgrund der immer schlechter werdenden wirtschaftlichen Situation dort, besser war, wieder nach Deutschland zurück zu gehen.

Mit Mitte 30 musste ich mich hier in Deutschland erst wieder einleben und mir einen Job suchen. Diesen fand ich dann auch in einem Call Center, was aber ganz sicher nicht mein Traumjob war. Dort blieb ich in etwa ein Jahr und wurde in dieser Zeit schwanger.

Nach der Geburt meines Sohnes spürte ich, dass ich unbedingt wieder arbeiten wollte. Die Jobsuche erwies sich dann aber als eher schwierig, denn ich musste feststellen, dass viele Mamas gerne halbtags und am Vormittag arbeiten möchten und somit die Auswahl an Jobs, die zu mir passten, recht gering war.

So fing ich wieder bei meinem früheren Arbeitsplatz als Geräteservice & Kundendienstmitarbeiterin an zu arbeiten, da ich dort die Chance bekam, bei einem spannenden Projekt mitzuarbeiten. Aber nach drei Jahren fehlte mir die Möglichkeit, mich weiterzubilden. Also begann ich, zu recherchieren. Was möchte ich machen, was interessiert mich, was macht mir Spaß? So bin ich auf das Berufsbild Virtuelle Assistenz gestoßen.

Der Gedanke daran, dass ich mit dieser Arbeit ortsungebunden bin, faszinierte mich sofort. Ich erkannte die Chance, dass ich so von überall arbeiten kann, ja, auch von Griechenland aus. Auf Facebook erschien dann ein Post von der Digital Academy und für mich war sofort klar, das ist mein Ticket zurück in meine Wahlheimat. Ich meldete mich an und begann mit vollem Elan die Ausbildung zur Online Management Assistant.

Jetzt, nach einigen Monaten, weiß ich, dass diese Entscheidung genau richtig war, denn diese Ausbildung ist so vielfältig und interessant.

In den Mindset Calls lernt man, dass es sehr wichtig ist, sich mit sich selbst zu beschäftigen, auf seine Gefühle und auf die innere Stimme zu hören. Für mich war das ein riesengroßes Learning, denn bis jetzt fühlte ich mich als Mama, Partnerin, Tochter und Schwester. Und auf einmal sollte ich noch ICH sein. Aber durch diesen Lernprozess habe ich Klarheit bekommen, was ich wirklich will und ich spüre meine Entwicklung und meine positive Veränderung.

Den Beruf OMA sehe ich als Sprungbrett für etwas viel Größeres, viel Weiteres. Am Anfang war mein Plan, dass ich die Ausbildung nebenbei, neben meinem Job, mache. Aber mir wurde bald bewusst, dass ich *all in* gehen möchte, um mich voll und ganz auf dieses Abenteuer einzulassen. So habe ich gekündigt und mich voll und ganz auf die Ausbildung in der Digital Academy konzentriert.

Den Mehrwert sehe ich darin, dass ich dadurch genau das machen kann, was mir Spaß macht.

Diese Erleuchtung, dieser Einblick ist für mich ein riesengroßes Geschenk. Denn früher dachte ich immer, dass das Gefühl, Spaß am Leben und bei der Arbeit zu haben, nur wenigen Menschen vergönnt sei. Diesen falschen Glaubenssatz habe ich sofort für mich umgedreht, nämlich in *Es ist mein Geburtsrecht, Spaß am Leben und an der Arbeit zu haben.*

Als meinen nächsten Schritt plane ich, den Gründerzuschuss zu beantragen und aus meinem derzeitigen Nebengewerbe ein Hauptgewerbe zu machen. All das sind Zeichen genug, dass dieser Weg, den ich gerade mit der Digital Academy eingeschlagen habe, genau der richtige für mich ist.

Aber es gibt selbstverständlich auch Herausforderungen, Situationen, in denen man seine inneren Grenzen überschreiten muss. Für mich waren das sicher die Live Videos in der OMA-exklusiven Facebook Gruppe. Aber nur wenn du dich aus deiner sicheren Umgebung wagst, kannst du auch das nächste Level erreichen. Und heute, nur einige Monate später, nehme ich mein Handy in die Hand und plaudere in meinen Videos einfach drauf los.

In nicht weniger als fünf Monaten habe ich zwei Praktikumsstellen erhalten; eine Stelle bei einer OMA aus der ersten Ausbildungsrunde und einen direkt in der Academy. Auch einen Kunden habe ich bereits gewonnen.

Und alleine die Geschichte, wie ich dazu gekommen bin, ist spannend. Lass mich das kurz erzählen. Ein Teil der Ausbildung ist es nämlich, dass man sich seinen Traumkunden visualisieren soll. Für mich waren das auf Anhieb Autoren, Fotografen und Köche. Und meine jetzige Kundin ist sowohl Autorin als auch Fotografin.

Ich liebe diese Zusammenarbeit und auch die leichte, lockere Art wie sie entstanden ist. Nicht durch ein klassisches Bewerbungsschreiben oder ein Vorstellungsgespräch. Nein, einfach durch interessante Projekte und gemeinsame Gespräche. Auch die Zusammenarbeit mit Janaina habe ich mir visualisiert.

Beim ersten Anlauf auf ihre ausgeschriebenen Praktiken hat es nicht funktioniert, aber schließlich kam sie von selbst auf mich zu, da habe ich natürlich sofort zugesagt.

Nicht weniger interessant ist auch die Art und Weise, wie ich zu meiner ersten Praktikumsstelle gekommen bin. Ich habe mich spontan bei einer OMA aus der ersten Kursrunde beworben und prompt eine Zusage erhalten. Im Praktikum habe ich die Möglichkeit, eine breite Facette des OMA Business kennenzulernen.

Für mich entdeckt habe ich den Audio- und Videobereich mit Videoschnitt, dem Einpflegen von Bildern und dem Schreiben von passenden Texten. Aber auch Podcasts und die YouTube-Strategie haben mein Interesse geweckt.

Da Janaina ja auch gerade an einem Buchprojekt arbeitet - sonst würdest du das jetzt ja nicht lesen - bin ich schon so gespannt, was noch alles kommen wird.

Ich möchte diese Erfahrungen und das Learning darüber auch unbedingt in meine Arbeit für Autoren einbringen.

Für mich sind Werte wie Ehrlichkeit, Offenheit, Gleichberechtigung und das Begegnen anderer Menschen auf Augenhöhe sehr wichtig, weil sie für mich für eine bessere Welt stehen.

Zu meinem größten Ziel gehört, Menschen zu unterstützen, die Hilfe von anderen notwendig haben und zwar Babys und Kleinkinder, denn sie sind die einzigen Menschenwesen, die noch keine freie Willensentscheidung haben und abhängig von anderen sind. Ich wollte schon immer helfen und mich sozial engagieren. Durch mein fehlendes Selbstbewusstsein habe ich mir das aber nie zugetraut. Und jetzt, durch mein gestärktes Mindset, traue ich mir alles zu!

Auch meine Einstellung zum Geld hat sich geändert. Jetzt habe ich begriffen, dass es gut ist, viel Geld zu verdienen, damit ich genau diese Einrichtungen, die mir am Herzen liegen, unterstützen kann.

Ich möchte die Welt ein bisschen besser zu machen.

Was mich auszeichnet und auch einzigartig macht, ist zum einen meine emotionale Seite, die ich schon immer gelebt habe, und zum anderen meine Kraftseite, die erst jetzt so richtig zum Vorschein kommt. Da ich eher klein bin, habe ich immer nur die emotionale Seite, die süße, die liebe, die empathische, niedliche Seite von mir gezeigt, jedoch nie meine kraftvolle Seite. Aber durch diese andere Seite, durch meinen Mut und meine Willenskraft treffe ich wichtige, lebensverändernde Entscheidungen.

Wichtige Entscheidungen wie:

1. Mit 19 Jahren gegen den Willen meiner Familie nach Griechenland zu gehen, um dort zu leben und zu arbeiten
2. Nach 15 Jahren wieder zurück nach Deutschland zu kommen und hier ein neues Leben zu beginnen. Da ich ja nicht ganz freiwillig zurückgekehrt bin, fiel mir diese Entscheidung auch sehr schwer.
3. Und last but not least der Sprung in die Digital Academy, meine Kündigung und auch eine Trennung krempeln gerade mein ganzes Leben so richtig um.

Zu meinen neuen Prioritäten gehören in erster Linie mein Sohn und ich.

Auch habe ich tägliche Routinen eingeführt. So mache ich morgens und abends meine Dankbarkeitsübungen und freue mich über jeden noch so kleinen Erfolg. Ich visualisiere meine Ziele und versetze mich immer öfter im Laufe des Tages in diesen Modus. Auch mein Vision Board (eine Collage aus Bildern der eigenen Träume und Wünsche, die als Quelle der Inspiration und Motivation dienen soll) erinnert mich immer daran, was ich noch alles erreichen möchte.

Auf den geplanten Daily Planer von Janaina freue ich mich schon sehr.

Mein Lebensmotto ist ganz klar:

**„Träume nicht dein Leben, lebe deinen Traum!"**

Tommaso Campanella

Du findest mich auf Facebook und LinkedIn unter Efthalia Amprazi

## Franziska Ziegler

Ich bin Franziska, wurde 1985 geboren und bin sehr bodenständig mit vier Geschwistern auf einem Bauernhof, noch mit Oma und Opa im gleichen Haus, aufgewachsen. Da ich die Älteste war, übernahm ich von Anfang an Verantwortung. Heute bin ich Mutter von drei Kindern und da kommt mir diese Erfahrung natürlich zugute.

In meinem beruflichen Werdegang wurde ich Rechtsanwaltsfachangestellte, habe aber in diesem Beruf nicht sehr lange gearbeitet. Mein Mann ist selbständig und so habe ich ihn bei seinen Geschäften unterstützt. Nach meiner Elternzeit habe ich dann circa zwei

Jahre lang als Teilzeitkraft als kaufmännische Angestellte gearbeitet.

Ich bin ein sehr selbstkritischer Mensch und die Angst vor dem Versagen überschattete mein Leben lang mein Selbstwertgefühl. Die Arbeit an meinem Mindset bringt mich weiter und hilft mir, meinen Weg, den ich damals noch nicht so richtig gefunden hatte, neu zu entdecken.

Mir wurde die klassische Einstellung, eine gute Ehefrau, eine gute Mutter, eine perfekte Hausfrau usw. zu sein, vorgelebt. Aber in mir drinnen fühlte ich, dass das nicht alles sein konnte. In mir schrie es nach mehr. Ich wollte mich weiterentwickeln, ich wollte weiterkommen.

Durch meine Ungeduld und meine Unruhe konnte ich es kaum erwarten, bis endlich der Umbruch in mein Leben kam.

Mir fehlte die Sicherheit, meine mir wichtigen Ziele zu verfolgen. Mein Traum war es immer, Jura zu studieren, aber mir fehlte der Mut, das durchzuziehen. So wählte ich den sicheren Weg, verabschiedete mich von meinen Träumen und habe begonnen, meinen Mann zu unterstützen. Dann kamen die Kinder und ich ging in meiner Rolle als Mama voll auf. Ich liebe die Mutterrolle, aber der Drang in mir, mich selbst zu verwirklichen, wurde auch immer stärker. Mir war aber klar, dass die Verwirklichung meiner Träume unbedingt mit meinem Familienleben einhergehen müsse.

Durch die Coronazeit fühlte ich mich allgemein sehr unter Druck gesetzt. Diese Zeit forderte mich und ich wurde mit der ganzen Situation immer unzufriedener. Ich fühlte mich sehr zerrissen zwischen Homeschooling und meiner Festanstellung.

Und genau in dieser Situation bin ich auf die Digital Academy gestoßen. Ein sehr wesentlicher Punkt für mich, über einen Einstieg nachzudenken, war sicher, dass man keine Zertifikate, Zeugnisse und Bestätigungen von diversen Ausbildungen vorweisen musste. Ich weiß, dass in mir viel mehr steckt, als ich auf dem Papier vorweisen kann.

Neue Dinge zu lernen, mich in Sachen einzulesen, einzuarbeiten und meine Meinung einzubringen, das ist das, was dort wichtig ist und geschätzt wird. Andere Menschen unterstützen, ihnen in ihrem Business helfen, das ist genau meine Leidenschaft. Ich arbeite sehr gerne im Backoffice, in der Assistenz, also eher im Hintergrund. Und diese Chance habe ich in der Ausbildung der Digital Academy als Online Management Assistant gesehen.

Auch mein Mann hat mich dazu bestärkt, diesen Schritt zu gehen. Und es gibt doch kein besseres Gefühl, als verstanden und unterstützt zu werden.

Vorab erkundigte ich mich auf diversen Plattformen nach der Möglichkeit, unabhängig und frei arbeiten zu können. So bin ich dann in der Lounge Gruppe der Digital Academy gelandet. Schnell merkte ich, dass das die einmalige Chance für mich sein könnte, selbständig und frei arbeiten zu können und dabei auch noch Geld zu verdienen. Und so habe ich mich in dieses Abenteuer gestürzt und es bis heute nicht bereut.

Auch habe ich meine Festanstellung bereits gekündigt, um frei zu sein für meinen beruflichen Durchbruch.

Mein Schwerpunkt liegt in der klassischen kaufmännischen Assistenz, denn dort fühle ich mich sicher. Das umfasst zum Beispiel

Büromanagement, Büroorganisation, Daten pflegen, Kunden betreuen und diverser Schriftverkehr.

Vor neuen Aufgaben und neuen Herausforderungen scheue ich mich nicht. Ob das Erstellen von Newslettern oder E-Mail-Listen, ganz egal, ich mach mich einfach ans Werk. Genauso ist es in allen technischen Angelegenheiten. Die Sprache der Technik Freaks verstehe ich zwar nicht, aber durch meinen Ehrgeiz und mein damit Auseinandersetzen löse ich sehr viele Probleme selbst.

Viele Menschen sprechen immer davon, dass sie in der Pension dann ihr Leben genießen werden. Dieser Ansatz, diese Vorstellung ist für mich unvorstellbar und hat mich schlussendlich dazu bewegt, schon jetzt einen anderen Weg einzuschlagen. Einen Weg in die Freiheit und in die Selbstbestimmtheit.

Den Mehrwert in der Digital Academy sehe ich darin, dass der Austausch mit meinen Kolleginnen in der Gruppe gigantisch ist. Obwohl so viele Frauen am Start sind, herrscht dort Harmonie. Alle Fragen, ganz gleich welcher Art, werden rasch und auch professionell beantwortet.

Die Mindset Calls sind für mich eine große Unterstützung. Ich kann zwar nicht immer live dabei sein, aber die Möglichkeit, diese am Abend im Replay anzusehen, ist großartig.

Meine Vision, erfolgreich, finanziell unabhängig zu sein und mit meinen Traumkunden arbeiten zu können, motiviert mich ungemein.

Meine Traumkunden sind zum Beispiel zielstrebige Frauen, die offen, herzlich und empathisch sind. Auch Frauen mit Familie zählen dazu, denn die haben Verständnis dafür, dass manchmal die Kinder ihre Zeit einfordern.

Nach sechs Wochen hatte ich bereits mein erstes Kundengespräch und auch gleich eine Zusage bekommen. Das ist Beweis genug, dass meine Entscheidung, die Ausbildung in der Digital Academy zu absolvieren, absolut richtig war.

Diese Erfahrung hat mich auch gelehrt, dass es besser ist, sich auf positive Erfahrungen zu fokussieren und aus den negativen entweder zu lernen oder sie einfach als geschehen anzunehmen.

Die größte Herausforderung in der Ausbildung waren ganz sicher die Live Videos. Aber um sichtbar zu werden, muss man eben diese Hürde nehmen und so habe ich mich auch gleich für eine Interview mit Teresa in der DA Lounge Gruppe gemeldet. Durch diesen Schritt aus der Komfortzone habe ich wieder so viel Selbstvertrauen bekommen. Auch die Bewerbungsvideos für potentielle Kunden waren für mich sehr schwer. Aber als es dann erledigt war, fühlte ich mich so wunderbar und stark.

Ich habe aber auch den allseits bekannten, liebevollen Stupser von Janaina gebraucht, der immer zum richtigen Zeitpunkt gekommen ist. Dadurch wurde ich bestärkt, es doch zu versuchen. Denn wie sagt Janaina so treffend: „Aufgeben ist keine Option!"

Und dieses Gefühl der Bestätigung zu kennen und bereits gefühlt zu haben, ist so unbeschreiblich und allen Aufwand wert.

Meine täglichen Routinen sind, noch bevor die Kinder aufstehen, Zeit für mich zu haben. Mir ist es wichtig, mit einer Runde Yoga in Ruhe in den Tag zu starten, denn ich befasse mich gerne mit mir und meinen Gedanken.

Bald wird der Traum vom eigenen Heim wahr und ich kann mit meiner Familie in das neu gebaute Haus auf dem Land einziehen. Ich bin nämlich ein richtiges Landei und überhaupt kein Stadtmensch.

Meine Einzigartigkeit ist, dass ich die Gefühle und die Emotionen von anderen extrem gut wahrnehmen kann und auch gut einzuschätzen weiß. Dadurch habe ich eine sehr gute Menschenkenntnis, bin auch sehr empathisch und kann mich gut in andere reinversetzen, um ihre Bedürfnisse und Wünsche wahrzunehmen.

Mein Lebensmotto ist eindeutig: **„Gedanken haben Macht!"**

Alles, was passiert, hat einen Grund, auch wenn man ihn nicht immer gleich erkennt.

Du findest mich auf Facebook und LinkedIn unter Franziska Ziegler.

## Kerstin Mordenti

Hallo, ich bin Kerstin, bin Jahrgang '78 und Mama von zwei Kindern, die zu meinem Start in der Digital Academy 9 und 6 Jahre alt waren. Ich bin in zweiter Ehe verheiratet.

Mit meinem ersten Mann und den Kindern lebte und arbeitete ich drei Jahre lang in Singapur. Als mein Mann dann jobbedingt nach Amerika musste und die Ehe schon ziemlich zerrüttet war, stellte ich mir die Frage, ob ich mit ihm gehen oder mit den Kindern wieder nach Deutschland zurückziehen würde. In Deutschland war ich noch in Elternzeit, konnte also wieder in meinen alten Job zurück. In Amerika hätte ich bei Null beginnen müssen. Diese Entscheidung fiel mir wegen meiner Kinder nicht leicht. Ich habe damals den für mich sicheren Weg gewählt und bin nach Deutschland zurückgekehrt.

Die Rückkehr verlief relativ gut. Beide Kinder hatten innerhalb von zwei Monaten einen Kitaplatz und haben sich sehr schnell eingelebt. Innerhalb von 2 bis 3 Monaten haben sich die Kinder von der englischen Sprache auf die deutsche umgestellt.

Auch heute noch bekomme ich immer wieder die Bestätigung, dass dieser Weg der richtige war. Ich habe hier eine sehr gut bezahlte Teilzeitstelle gefunden, die man in den USA sicherlich nicht so in der Bezahlung und mit den sozialen Vorteilen erhalten hätte. Besonders in so verrückten Zeiten wie jetzt mit Corona wird mir ganz klar, dass mein Weg genau der richtige war und ich auch die richtige Entscheidung für mich und meine Kinder getroffen habe.

Was mich von anderen Menschen unterscheidet ist, dass ich mich von Hindernissen und Hürden nicht unterkriegen lasse. Ich versuche in allem, das Positive zu sehen und stehe immer wieder auf. Ich habe dadurch viel über mich gelernt, dass ich mir vertrauen kann und nicht an mir zweifeln muss.

Und ich habe auch bemerkt, dass tägliche Routinen sehr wichtig sind. Eine meiner liebsten ist der Spaziergang mit unserem Hund. Diese Stunde genieße ich in vollen Zügen. Da bin ich mit mir alleine. Das ist meine tägliche Me Time, die mir so wichtig ist. Ein Morgenritual gibt es bei mir zwar nicht, doch ich schreibe täglich meine Affirmationen auf. Denn ich persönlich finde schon, dass Gedanken, die Dankbarkeit und auch die Tagesreflexion täglich ein Fixpunkt sein sollten. Durch diese Angewohnheit kann jeder die guten, aber auch die weniger guten Erlebnisse verarbeiten und annehmen. Und wenn ich so zurückdenke, habe ich schon sehr viel geleistet und bin auch stolz darauf. Sicher waren einige Niederlagen dabei, zu denen ich meine Scheidung zähle. Aber es gab auch wundervolle und großartige Abschnitte im Leben.

Eine der besten Entscheidungen war die Ausbildung in der Digital Academy. Eine Investition in mich und meine Entwicklung. Auf Facebook habe ich die Anzeige entdeckt und mich nach der Rücksprache mit meinem jetzigen Mann sofort angemeldet. Ich hatte keine Vorgespräche, um mich darüber genauer zu informieren. Ich fand das Angebot einfach cool, das war genau das, nach dem ich immer gesucht hatte.

Was mich im Vorfeld ein bisschen abgehalten hat, war der Gedanke, ob ich in den sechs Monaten Ausbildung die Kinder und meine Arbeit unter einen Hut bringen kann. Denn was im Programm angeboten wird, ist schon viel und intensiv. Und natürlich auch der finanzielle Aspekt hat mich vorerst ein bisschen zurückgehalten.

Die Gewissheit, dass mein Mann hinter mir steht und es befürwortet, war mir sehr wichtig, denn nur so kann solch ein Schritt funktionieren.

Bei meiner bisherigen Arbeit als Management Assistentin war ich schon sehr lange nicht mehr glücklich. Der gegenseitige Respekt und die Wertschätzung (noch nicht mal monetär gesehen) fehlten mir dort. Mir sind Ehrlichkeit und Loyalität sehr wichtig. So ist es sicher mehr als verständlich, dass mir die Anzeige für die Digital Academy sofort ins Auge gesprungen ist. Meine Gedanken waren: ‚Gut, ich bin jetzt sowieso in Kurzarbeit, ich habe alle Zeit der Welt, sie wollen meine Arbeit ja eh nicht. Also suche ich mir einen anderen Job.'

Durch die Academy habe ich so viel gelernt, besonders durch die Mindset Calls habe ich vor allem mich selbst besser kennengelernt. Sich mit sich selbst zu beschäftigen, die eingefahrenen Denkweisen umzustellen und einfach zu versuchen, mal über den Tellerrand zu gucken, sind für mich wichtige Erkenntnisse.

Auch die unterschiedlichen Kalender Tools, Newsletter Tools, die Erstellung von Webseiten haben mich schon weitergebracht. Ich dachte mir: ‚Ich bin ja eh schon Assistentin, da bringe ich sicher schon viel Vorwissen mit.' Aber Pustekuchen! Da war ganz viel Neuland dabei. Und es macht keinen Unterschied, ob du aus dem Assistenzbereich kommst oder ob du Quereinsteigerin bist.

Erst durch die Academy dachte ich das erste Mal an die Selbständigkeit und hätte mir das nie zu träumen gewagt, da ich ein sehr sicherheitsliebender Mensch bin und ich meine Ausgaben schon gedeckt sehen möchte. Mir ist klar geworden, dass ich aktiv sein muss, dann kommt auch was zurück. Ich sehe auch die unterschiedlichen Jobangebote, die durch die Academy angeboten werden. Ich freue mich schon sehr auf diese aufregende Zeit.

Ich liebe Herausforderungen und neue Aufgaben, aber eine besonders große Hürde in der Academy waren für mich sicher die Live Videos. Beim Drücken des Buttons „Live gehen" schlug mein Herz immer bis zum Hals. Aber wenn diese Hürde dann überwunden war, war alles gut. Lernvideos über Coachy oder Loom zu machen, das finde ich interessant. Ich spezialisiere mich auf die Organisation und Durchführung von Online Kongressen und Workshops und möchte in der Zukunft gern ein Team leiten, um meine Kunden unter anderem bei der Erstellung von Kursen besser unterstützen zu können.

Ich freue mich darauf, bei diesen Projekten mit Kunden zu arbeiten, die auch meine Werte verfolgen, Werte wie Ehrlichkeit, Respekt und Loyalität, das ist ein großes Ziel von mir. Gegenseitige Wertschätzung und Anerkennung sind so wichtig und dadurch können gute Arbeiten und Projekte entstehen.

Einen Kunden habe ich bereits bei einem Online Kongress unterstützt und auch ein Praktikum habe ich absolviert.

Immer Neues zu lernen und auszuprobieren, finde ich so interessant. Ich stecke mein volles Herzblut in meine Aufgaben. Deshalb ist mein Lebensmotto auch: **„Geht nicht, gibts nicht!"**

Du findest mich auf Facebook und LinkedIn unter Kerstin Mordenti

## Monika Wittor

Ich bin Monika Wittor und zum Zeitpunkt dieser Geschichte bin ich 47 Jahre alt.

Ich habe 25 Jahre lang als Assistentin der Geschäftsführung in eher kleineren Unternehmen gearbeitet und die meiste Zeit davon auch sehr gerne. Ich liebe es, den Überblick über alles zu haben und in mehreren Bereichen tätig zu sein und konnte somit über die Jahre mein Wissen nicht nur in der Tiefe, sondern auch in der Breite erweitern.

Mit 45 Jahren befiel mich eine tiefe Unzufriedenheit. Wie über Nacht reichte mir das alles nicht mehr aus und in mir wuchs zudem der Wunsch, von zu Hause aus zu arbeiten, neudeutsch: im Homeoffice. Mein damaliger Chef war von der alten Schule und wollte sein Personal vor Ort im Büro sitzend haben, es kontrollieren und war diesem Gedanken gegenüber überhaupt nicht aufgeschlossen. Also begann ich mich zu bewerben und suchte nach einem passenden Arbeitgeber, der mein Konzept ebenfalls toll fand. Leider blieb diese Suche erfolglos, weshalb ich noch einige Zeit in meinem langweiligen Hauptjob „gefangen blieb".

In einer Facebook Gruppe lief mir Ostern 2019 der Begriff *Virtuelle Assistentin* (VA) über den Weg. Dieses Berufsbild hat mich sofort interessiert. Ich recherchierte und trat einigen VA Gruppen in Social Media bei und so machte ich mich bereits im Mai 2019 als

VA nebenberuflich selbständig. Einen Monat später fand ich auch schon meinen ersten Kunden, für den ich im Anschluss vier Monate tätig war.

Ich leistete mir im selben Jahr zwei hochpreisige Coachings, von denen mich eines sowohl in der Persönlichkeitsentwicklung als auch im Business enorm nach vorn katapultierte. Das zweite war leider eine Fehlinvestition.

Im März 2020 kam dann der endgültige Entschluss – ich kündige! Denn: Man muss das Alte loslassen, um Platz für Neues zu schaffen.

Glücklicherweise stolperte ich Mitte März 2020 über einen Post auf Facebook von Janaina, die den Beginn einer neuen Ausbildung für Online Management Assistants ankündigte. Dieser Post weckte sofort mein Interesse. Es war das, wonach ich seit meinem Beginn in der Virtuellen Assistenz gesucht hatte, denn es stellte sich heraus, im Online Business braucht es ganz andere Fähigkeiten und Kenntnisse als im Offline Business. So viele neue Tätigkeiten und Programme gehörten plötzlich zu meinem Alltag und ich war es leid, tausende verschiedene kleine Onlinekurse für die einzelnen Tools zu kaufen und allein durchzuarbeiten. Ich suchte nach einer umfassenden Ausbildung mit fachmännischer Begleitung und Kolleginnen, mit denen man sich austauschen kann. Und das Universum lieferte: In Form der Digital Academy und einer sechsmonatigen Ausbildung, die mir ein breites Buffet an neuen Kenntnissen und möglichen Arbeitsbereichen anbot.

Mein Unterbewusstsein wusste schon von Anfang an: „Moni, das machst du, das hier wird dein Durchbruch, damit baust du dir ein stabiles Fundament in deinem Business auf!"

Aber der Verstand folgte auf dem Fuß und „Freddy" (das ist die Stimme in unserem Kopf, die dich versucht zurückzuhalten) fing sofort mit seiner Litanei an: ‚Ist das wirklich das Richtige? Ist diese Ausbildung das Geld wert? Was, wenn sie nicht halten, was sie versprechen? Du hast doch schon einmal falsch investiert und Geld „verschenkt" in ein Coaching, welches nicht die versprochenen Ergebnisse brachte.'

Als typische Eule (nach dem Persönlichkeitstest von Tobias Beck) bin ich Perfektionistin und muss immer alles schwarz auf weiß haben: Zahlen, Daten, Fakten. Erst dann kann mein Verstand eine kluge Entscheidung treffen. Zumindest war das damals so, heute weiß ich es, dank meiner Human Design Ausbildung, besser.

Also habe ich Janaina vor dem Kauf der Ausbildung mehrfach per Messenger angeschrieben und mit 1000 Fragen gelöchert: Was genau beinhalten denn die einzelnen Module? Welche Programme lerne ich da? Wo kann ich mich hinwenden, wenn ich etwas nicht verstehe? Und, und, und ... Geduldig beantwortete sie alle meine Fragen und bald war mein Verstand auf gleicher Höhe mit meinem Gefühl: dass diese Ausbildung genau das ist, was ich jetzt will und brauche.

Ich buchte und freute mich total auf die neuen Fähigkeiten, die derzeit am Markt wie wild gefragt sind: E-Mail-Marketing, Landingpages bauen, ActiveCampaign, Funnels, Automationen und endlich lernte ich eine Costumer-Journey (die Entwicklung des Interessenten zum Kunden, also vom ersten Kennenlernen bis zum Kauf) von Anfang bis Ende.

Für mich sind Strukturen ein Muss und als Eule organisiere ich mich am liebsten in Projektmanagement Tools. Vom täglichen Business to do bis hin zum Putzplan der Wohnung findet bei mir alles auf einzelnen Kärtchen im Trello Board (ein Projektmanagement-Tool) Platz.

Rückblickend kann ich sagen: Ich war zwar bereits ein Jahr als VA unterwegs, aber der Mehrwert, den ich durch die Digital Academy erfahren habe, ist unbeschreiblich groß.

Schon in Modul 1 wurden von Janaina die verschiedenen Stufen eines Online Coaching Business erklärt und sofort begriff ich, wie ich meine unterschiedlichen Kunden punktgenauer unterstützen konnte. Es war mir vorher nicht klar, dass es diese Stufen gibt und dass, je nachdem wo dein Kunde sich befindet, die Strategie eines Launches und die gesamte Vorgehensweise eine völlig andere ist, ja sogar sein muss.

Neu für mich waren dann die Module über Ads von Facebook und Google und wie ich meine Marke aufbaue, das sogenannte Branding. Weiterhin habe ich auch in puncto Technik unfassbar viel dazugelernt.

Wertvoll in der Academy fand ich auch die Mindset Calls und die Module, die sich rein mit Persönlichkeitsentwicklung befassen. Wie werde ich von der Angestellten zu einer erfolgreichen Unternehmerin ist nichts, worauf die Vergangenheit mich vorbereitet hat. Als Unternehmerin denkst du anders, du musst es sogar. Und du musst andere Entscheidungen treffen und es ist nach jahrelanger Festanstellung essenziell, dass auf diese wichtigen Punkte auch eingegangen wird und ich in der Academy dahingehend geschult wurde.

Viele meiner Kunden sind sehr kreativ. Durch mein fortgeschrittenes Alter verfüge ich über eine gewisse Gelassenheit und Ruhe und werde für meine Meinung sehr geschätzt. Ich denke, ich bin für meine Kunden ein sehr guter Sparringspartner aufgrund meiner Geradlinigkeit und meiner offenen und ehrlichen Art.

Durch mein Praktikum für die Academy stellte sich auch meine Zone of Genius heraus. Nämlich, dass ich komplizierte Vorgänge ganz einfach erklären kann, damit sie jeder versteht. Alle lieben meine Stimme und meine ruhige präzise Art, mit der ich Dinge erkläre.

Somit habe ich schon mehrere Videos gedreht, in denen ich Strategien oder Programme auf einfache Art und Weise für jeden verständlich erkläre. Zwischenzeitlich klopfen immer mehr Kunden an und fragen, ob ich die technischen Videos für ihre Mitgliederbereiche übernehmen kann, was ich sehr gerne tue. So habe ich in der Digital Academy auch den Spitznamen *Simplicity Queen* erhalten.

Seit 2019 haben meine neuen täglichen Rituale mein Leben radikal verändert. Ich beginne den Tag mit ½l warmen Zitronenwasser, das Handy auf Flugmodus und 30 Minuten Journaling, Dankbarkeitsübungen, Meditation und Ausrichtung.

Auf meinem Tisch liegt immer mein Daily-Planer im Euro Format (21 x 25 cm). Ich liebe es, in große Bücher zu schreiben, in denen ich viel Platz für die Termine, meine Visionen, meine Ziele für das nächste Jahr, meine persönlichen Regeln und Prinzipien, die verschiedensten Zitate und kluge Weisheiten habe.

Diese lese ich mir immer wieder durch und fühle in mich hinein. Sich immer wieder bewusst zu machen, was man schon erreicht hat und wohin die Reise gehen soll, ist meiner Meinung nach essenziell für die persönliche Entwicklung und für den Erfolg.

Neu dazugekommen ist meine Break Time. Wenn ich merke, dass ich mir zu sehr Druck mache, aufgrund der sich stapelnden Aufgaben auf meinem Schreibtisch, nehme ich mich aus der Situation und gehe eine Stunde mit meinem Hund spazieren.

Den Tag beende ich ganz im Sinne des Ayurveda mit einer Tasse goldener Milch (1 Tasse Pflanzenmilch mit Kurkuma und Ingwer), die mir die nötige Ruhe für die Nacht gibt.

Anfang des Jahres 2020 war es mein Ziel, einen Monat mit 5-stelligen Einnahmen abzuschließen. Ich wollte mir selbst beweisen, dass es nur mit Bürotätigkeiten möglich ist, mehr als 10.000€ Umsatz zu erreichen und das habe ich im August desselben Jahres auch geschafft. Es macht mich sehr stolz, denn ich habe dieses Ziel mit viel Fleiß und Beharrlichkeit erlangt.

Ich bin sehr froh, Anfang des Jahres diesen Schritt gegangen zu sein und dass ich heute meinen Traum vom Arbeiten im Homeoffice leben darf.

Meine Positionierung als OMA ist sehr schwer zu beschreiben, denn wer Human Design kennt, weiß genau, dass ein MG, ein manifestierender Generator, viele verschiedene Interessen hat und ich bin ein typischer „MG". Ich liebe es, mehrere Bälle gleichzeitig in der Luft zu halten und mich in verschiedenen Tätigkeiten auszuprobieren und Neues zu lernen, denn das kreiert mir immer mehr Energie.

Ich baue meine Stärken weiter aus, die in der einfachen Erklärung komplexer Sachverhalte oder Programme liegen und dies in Form von Videos. E-Mail-Marketing macht mir sehr viel Spaß, ebenso die Betreuung der Mitgliederbereiche mit Coachy, Elopage und dem Zahlungsanbieter Digistore24. 2021 habe ich die Erstellung von Audiodateien und Meditation neu in mein Portfolio mit aufgenommen, da ich in der Vergangenheit sehr viel positives Feedback zu meiner Stimme bekommen habe.

Meine Werte sind ganz eindeutig Ehrlichkeit und Klarheit. Eigentlich ist das irgendwie fast eins, das eine kann nicht ohne das andere. Ich denke, das erkennt auch jeder, der mit mir zusammenarbeitet. Ich spreche Dinge an, sowohl die angenehmen als auch die unangenehmen. Zuverlässigkeit ist für mich eine Selbstverständlichkeit, denn ich habe ein stark konditioniertes Pflichtbewusstsein. Es freut mich allerdings auch, wenn mein Gegenüber dieser Zuverlässigkeit so sehr vertraut, dass er sich ruhigen Gewissens zurücklehnt, in dem Wissen: Moni hat das alles im Griff.

Mein Ziel ist es, immer weiter zu lernen und weiter zu wachsen, denn Stillstand wäre Tod. Ein Baum hört zeit seines Lebens schließlich auch nicht mit dem Wachsen auf.

Zu den Wendepunkten in meinem Leben gehört sowohl auf der privaten wie auf der beruflichen Seite jeweils einmal der Sprung ins kalte Wasser.

Mein erster Sprung fand 2009 privat statt, als ich meine Ehe beendete und plötzlich mit einem Teenager und einem Halbtagsjob alleine dastand. Und der zweite fand Anfang 2020 statt, als ich meinen sicheren Job kündigte, obwohl ich grade mal nur zwei Kunden hatte und zusätzlich Corona vor der Haustür stand.

Beide Male war es die genau richtige Entscheidung und es war hinterher besser als vorher. Ganz nach dem Motto: Ich weiß nicht, ob es besser wird, wenn es anders wird, aber es muss anders werden, damit es besser werden kann.

Wenn ich jetzt zurückschaue und mir klar wird, wo ich heute stehe, bin ich jedes Mal tief berührt und von Herzen dankbar, diesen einmaligen Weg gegangen zu sein.

Aufgrund meiner Beharrlichkeit für mein Ziel und der Bereitschaft, andere gerne zu unterstützen, führe ich heute ein Leben, in dem ich jeden Morgen mit Freude aufstehe.

Getreu meinem beruflichen Lebensmotto: „Du nimmst raus, was du reingibst."

Du findest mich auf Facebook und LinkedIn unter Monika Wittor

# Patrizia Solito

Ich bin Patrizia, lebe in der Nähe von Bielefeld und habe zwei wundervolle Kinder.

Ich glaube nicht an Zufälle. Daher denke ich, dass es einen Grund hat, dass ich die Möglichkeit hatte, an diesem Buchprojekt mitzuwirken. Es ist für mich eine großartige Gelegenheit, meine Begeisterung zu teilen über die Chance, die Ausbildung zur OMA in der Digital Academy zu machen, denn ich empfinde diese Ausbildung als etwas sehr Wertvolles. Nicht nur fachlich wird man hier ausgebildet, sondern man erhält noch eine große Portion persönliches Wachstum, denn uns wurde neben den ganzen technischen Dingen auch noch ein großartiges Know How zum Thema Online Business beigebracht. Und obendrauf gab es noch ein Mindset Training, was uns zeigte, dass wir an uns selbst und an unsere Stärken glauben dürfen. Für mich hat sich so mein ganzes Leben verändert.

Ich habe eine Vision:

Ich bin selbständig als OMA und habe ein eigenes Unternehmen. Ich kann mir meine Zeit einteilen und kann von jedem Ort der Welt aus arbeiten. Ich unterstütze meine Kunden bei ihrer Arbeit, so dass sie sich voll auf ihr Business konzentrieren können. Ich möchte meinen Kunden immer ein bisschen Mehrwert geben. Und zwar möchte ich etwas von meiner Energie abgeben und Freude in den Köpfen hinterlassen. Ich tue Dinge mit Inspiration und biete meinen Kunden dadurch zusätzlich neue Ideen und Möglichkeiten für ihren Erfolg. Wir kreieren tolle Masterminds und damit neue Ziele.

Ich bin kommunikativ, gehe gern auf Menschen zu und kann sie mitreißen. Außerdem bin ich voller Power und kann mich super schnell auf neue Situationen einlassen. Daher bewundern andere oft meine Spontanität, was für mich mein Normal ist.

Ich schaue über den Tellerrand, bin proaktiv und nutze mein vorausschauendes Denken. Ich bin sehr gut strukturiert und ein Organisationstalent.

Meine Arbeit fühlt sich nicht wie Arbeit an, weil ich mit meinen Traumkunden zusammenarbeite, für die Wertschätzung genauso wichtig ist, wie für mich.

Mein Ziel ist es, Dinge zu bewegen und Menschen zu unterstützen.

Ich liebe Menschen, die andere beim persönlichen Wachstum unterstützen. Auch ich möchte gern anderen dabei helfen, denn ich liebe den Austausch mit ihnen. Ich liebe die Kommunikation, ob in tollen Texten als Posting, schön aufbereitet mit passenden Grafiken oder in Kursen als Zoom Call. Außerdem kann ich sehr gut über mich lachen. Das ist ein ansteckendes Lachen. Spiritualität ist meine Passion. Genauso wie Menschen zu bereichern. Und ich bin immer offen für Neues.

Als langjährige Assistentin der Geschäftsleitung bringe ich ein großes Potenzial mit und alles andere habe ich in der Ausbildung zur OMA gelernt, da mich das Thema Social Media schon viele Jahre gereizt hat.

Ich war schon immer ein Macher und denke in Lösungen. Sobald es eine Sache zu lösen gibt, kommen mir die besten Ideen.

Zu meinen Lieblingstätigkeiten gehört auch die Foto- und Videoproduktion, die ich neben der YouTube-Strategie anbiete.

Insgesamt macht es mir riesigen Spaß, meine Ideen und Inspiration kreativ umzusetzen - auf Websites, in tollen Texten, in Grafiken und noch bei vielem mehr.

Ich möchte auch anderen Frauen Mut machen, an sich und ihre Ziele zu glauben. Auch sie können ihren eigenen Weg gehen. Jede von uns ist einzigartig und hat wunderbare Talente. Leb sie aus und lass dich nicht mehr klein halten! Nimm dein Leben selbst in die Hand, dann erhältst du Leichtigkeit und Freiheit!

Mein innerer Motor sind übrigens meine Kinder. Ich möchte mir meine Arbeit frei einteilen und Zeit für sie haben, wenn sie mich brauchen.

Hab Vertrauen, sobald du dich entscheidest, öffnen sich neue Türen.

Schon seit einer Ewigkeit arbeite ich mit viel Freude und Engagement in meinem Traumjob als Sekretärin und Assistentin. Es macht mir großen Spaß, die Fäden in der Hand zu halten, Dinge umzusetzen und vorausschauend zu handeln. Außerdem liebe ich es, zu organisieren, Abläufe zu vereinfachen, Strukturen aufzubauen und mich um alles zu kümmern, was im Office anfällt. Um meine Arbeit bestmöglich zu erledigen, habe ich mich immer weitergebildet und bin somit technisch sehr versiert. Ich hatte immer schon großes Interesse daran, neue Programme kennenzulernen und anzuwenden.

Als ich mir Mitte des Jahres 2020 einmal Gedanken darüber machte, was ich wirklich will, wurde mir bewusst, dass ich schon immer von orts- und zeitunabhängigem Arbeiten geträumt habe, um so endlich mehr Zeit für meine Kinder zu haben. Außerdem möchte ich mein volles Potenzial ausleben. Ich bin so inspiriert und voller Ideen, dass ich nicht mehr gebremst und klein gehalten werden möchte. Ich möchte mit wunderbaren, wertschätzenden Menschen zusammenarbeiten, denen ich auf Augenhöhe begegne, die offen für Neues sind, die wachsen wollen und großartige Visionen haben.

Und schwupp, wurde mir die Lösung auf dem Tablett serviert. Die Ausbildung zur Online Management Assistant ermöglicht mir, meinen absoluten Traumjob von jedem Ort der Welt auszuführen.

Ich hörte von der Ausbildung von Monika Wittor, die ich bei einem Persönlichkeitscoaching im letzten Jahr kennenlernte, und die bereits in Runde 1 dabei war. Sie erzählte so voller Euphorie von den Inhalten und was sie alles lernte, dass ich sofort Feuer und Flamme war. Genau das wollte ich auch alles lernen! So entschloss ich mich kurzerhand, mich zur zweiten Ausbildungsrunde in der Digital Academy anzumelden.

Ich erinnerte mich an den Satz: *Wenn du andere Ergebnisse erzielen möchtest, musst du andere Wege gehen.* Und so war für mich klar, dass ich diesen Weg gehen möchte.

Mein Ziel ist es, Online Unternehmer dabei zu unterstützen, deren Reichweite in diversen Social Media Kanälen zu erhöhen und dabei diverse Strategien zu nutzen, um einfach mehr Kunden zu generieren und ihnen natürlich auch die Arbeit abzunehmen, damit sie sich voll auf ihr Geschäft konzentrieren können. Ich habe große Lust darauf, mit meinen Traumkunden neue Ideen zu schmieden und Großartiges zu entwickeln.

Als dann endlich die zweite Ausbildungsrunde startete, war ich dabei. Ich war sofort begeistert von der Community, den Mindset Calls und den verschiedenen Technik Tools, die wir dort kennengelernt und ausprobiert haben.

Ich war schon immer sehr wissbegierig und habe mich für Computerprogramme interessiert. Daher fand ich es toll, was ich in den Modulen und den Technik Calls alles lernen konnte.

Auch der Austausch mit den anderen Mädels in der DIGI war so hilfreich und begeisterte mich sehr.

Wir haben uns gegenseitig motiviert und unterstützt und wir sind auch heute noch füreinander da. Denn durch die Hochs und Tiefs hat man immer mal wieder Zweifel und negative Gedanken, ob man gut genug ist und ob man zeitlich alles schafft.

Am Anfang dachte ich nämlich, ich müsse alles auf einmal umsetzen und hatte mich damit selbst unter Druck gesetzt. Aber in der Ausbildung habe ich gelernt, dass ich erst einmal mit kleinen Schritten beginnen kann. Diese haben sich allerdings in sehr kurzer Zeit zu Riesenschritten entwickelt. Plötzlich ging es Schlag auf Schlag. Mein ganzes Leben hat sich verändert und genauso mein Umfeld. Ich bin gewachsen und auch meine Persönlichkeit wurde gestärkt. Dazu haben auch die wertvollen Mindset Calls beigetragen. Wir lernten, uns zu fokussieren, uns selbst zu vertrauen und an uns zu glauben. Und plötzlich änderte sich alles. Ganz wichtig ist, so wie Janaina von Moos immer sagt: „Schau nicht zurück, was du alles erreicht oder nicht erreicht hast, sondern schau zurück, wie weit du schon gekommen bist."

Ich habe auch gelernt, dass es nicht nötig ist, in allem perfekt sein zu müssen: *„Better done than perfect."* Wenn du eine Aufgabe gestellt bekommst, dann such nach Lösungen. Und solltest du mal keine finden, dann gibt es sie ganz sicher in der Digital Academy oder bei einer deiner Kolleginnen, die helfen immer und jederzeit.

Während eines Praktikums hatte ich die Möglichkeit, bereits in das Leben der OMA reinzuschnuppern und festzustellen, wie es sich anfühlt, mit Kunden online zu arbeiten. Und ich muss sagen, ich bin begeistert.

Außerdem hatte ich bei einer Kundin schon die Chance gehabt, in ihrem Team mitzuarbeiten und konnte dort sehr gute und wertvolle Erfahrungen mitnehmen. Und wer behauptet, dass in der Onlinewelt keine freundschaftlichen Beziehungen entstehen können, der liegt total falsch. Ganz im Gegenteil, durch die regelmäßigen Buddy Calls, die gute Energie der Gruppe und der gesamten Community lernt man so wertvolle und interessante Menschen kennen. Nicht selten entstehen auch Freundschaften, mit denen über Erfolge, aber auch über Barrieren bei einem virtuellen Austausch gesprochen werden.

Meine größte Herausforderung und Hürde war es, die Entscheidung zu treffen, ob ich während meiner Vollzeitbeschäftigung bereits einen Kunden annehmen sollte oder nicht, da ich nicht so viel zeitliche Kapazität frei habe. Dann aber dachte ich, dass man ja immer besser wird, je mehr man lernt und daher würde ich jedem empfehlen, einfach mit kleinen Jobs zu starten, einfach, um Sicherheit zu bekommen.

Durch das Buch „Miracle Morning“ von Hal Elrod habe ich mich zu einem Frühaufsteher entwickelt. Diese täglich gewonnenen Stunden nutze ich während der Ausbildung in der DIGI, um die verschiedenen Module zu lernen. Denn durch das Lernen und Ausprobieren bekomme ich die Sicherheit, die für mich so wichtig ist. Auch schreibe ich in einen Tagesplaner, den ich mir selbst kreiert habe, immer auf, was ich feiere, was ich richtig gut gemacht habe, was ich erreicht habe, was ich gestern noch nicht konnte und auch, was ich mir für den heutigen Tag wünsche.

Ich habe gehört, dass Janaina von Moos ein Daily Journal entwerfen möchte. Auf dieses freue ich mich schon sehr.

Wenn ich jetzt schon, nach einigen Monaten, zurückschaue, stelle ich fest, dass aus den vielen kleinen Babyschritten seit Beginn der Ausbildung bereits ein Riesensprung geworden ist.

Heute frage ich nicht mehr mein Umfeld, welche Entscheidung die richtige für mich ist. Heute fühle ich in mich hinein und ich vertraue mir und meinem Gefühl. Meine Gedanken rasen so schnell, dass ich oft mit dem Sprechen nicht nachkomme. So schreibe ich meine Gedanken, meine Erfahrungen und meine Schlüsse aus den unterschiedlichsten Situationen einfach nieder. Auch die nicht so guten Dinge sollten festgehalten werden, denn auch die gehören dazu, denn daraus ziehe ich dann meine neuesten Erkenntnisse. Das Spannende daran ist, diese Zeilen nach einer gewissen Zeit wieder einmal durchzulesen und dabei zu erkennen, wie weit man gekommen ist und welche Wünsche bereits in Erfüllung gegangen sind.

Da ich mir mein Leben nach meinen Wünschen erschaffe, ergeben sich immer wieder tolle Zufälle und mein passender Spruch dazu: **„Zufall ist Gottes Art, anonym zu bleiben"**.

Du findest mich auf Facebook unter: Patrizia Solito

## Yvonne Wigger

Mein Name ist Yvonne Wigger. Ich komme aus der Schweiz, genauer gesagt aus dem Kanton Luzern. Ich wurde 1994 geboren und ich habe bereits im August 2020 mit der Selbständigkeit gestartet und bin somit *all in* gegangen.

Bis dahin war ich in einem Unternehmen angestellt, aber das Arbeitsverhältnis wurde aufgelöst. Das war für mich aber kein Grund zu zweifeln, denn schon seit 2016 weiß ich, dass ich irgendwann selbständig und ortsungebunden arbeiten werde. Und diese einmalige Chance, die sich mir jetzt bot, musste ich ergreifen und den Schritt in die Selbständigkeit einfach wagen.

Janaina von Moos kenne ich bereits seit 2017. Damals haben wir gemeinsam in einer Firma an verschiedenen Projekten gearbeitet. Und Janaina war es auch, die mir im Bereich Social Media das ganze Know-how beibrachte. Und irgendwann hat sie mir dann auch von der Digital Academy erzählt. Ich war sofort voll begeistert, denn dort konnte ich noch viel mehr lernen.

Im Bereich Social Media kenne ich mich ja - dank Janaina - schon sehr gut aus, aber durch die Digital Academy und die Technik Calls habe ich noch so viele weitere Tools und Skills erworben. Dazu gehört, dass ich gelernt habe, wie man z.B. Landing Pages baut, wie E-Mail Automationen erstellt werden und wie man ganz einfach Grafiken gestalten kann.

In diesen Bereichen fühle ich mich wohl und werde mich darin spezialisieren. Ich liebe die technischen Aspekte. Dadurch kann ich meine Kunden unterstützen zu wachsen und ihr Business noch grösser zu machen und genau das macht diese Ausbildung für mich so interessant und spannend.

Kurz nach meiner Anmeldung habe ich dann auch sofort die Möglichkeit erhalten, ein Praktikum zu absolvieren. Und ich habe auch noch zwei weitere Kunden gewinnen können. Für eine Kundin bin ich im Social Media Bereich tätig und für die andere betreue ich den YouTube Kanal.

So kann ich jetzt mein erlerntes Wissen richtig anwenden und es wird auch geschätzt. Hier lernt man, was Wertschätzung und Anerkennung der Arbeit ist.

Diese wunderbare Möglichkeit, selbständig und ortsungebunden arbeiten zu können, bringt mich meinem Traum immer näher. Ich arbeite nämlich an den Wochenenden als Surflehrerin. Und daher ist meine große Vision, einmal mit meinem eigenen Wohnmobil durch Europa zu reisen und überall arbeiten und auch surfen zu können.

Alle meine Ziele habe ich auf mein Vision Board geklebt. Dort habe ich sie immer vor Augen und weiß genau, worauf ich hinarbeite. Es sind auch schon einige Ziele in Erfüllung gegangen. Das motiviert mich und gibt mir die Kraft, weiter daran zu arbeiten.

Mein bisheriges Leben wurde durch die Digital Academy schon etwas auf den Kopf gestellt. Ganz besonders durch die Mindset Calls. Durch sie habe ich mich enorm weiterentwickelt. Für mich fühlt es sich wie ein Quantensprung an. Das Arbeiten an meiner Denkweise hat mich in meiner Selbstentwicklung doch sehr weit vorangebracht und das war auch vollkommen neu für mich.

Ich habe auch schon andere Ausbildungen wie z.B. Dipl. Digital Marketing Manager oder Social Media Manager gemacht, da stand nur der technische Teil im Vordergrund. Das Mindset fehlte da komplett. Das habe ich erst in der Digital Academy erfahren. Dort wird die persönliche Entwicklung sehr gefördert und dadurch wurden mir meine Schmerzpunkte bewusst und ich konnte daran arbeiten. Heute kenne ich meine Fähigkeiten und ich weiß auch, dass ich alles schaffen kann. Durch die Arbeit am Mindset sind mein Selbstvertrauen und mein Selbstwertgefühl enorm gewachsen, sodass ich mir zurzeit alles zutraue. Ich erlebe Dinge, die ich mir vor einem halben Jahr nie erträumt hätte.

Meinen persönlichen Mehrwert an der Digital Academy sehe ich darin, dass ich heute nicht hier stehen würde, wenn ich damals nicht gesprungen wäre.

Und durch dieses Auseinandersetzen mit mir bin ich anderen Leuten in meinem Alter schon weit voraus. Ich finde auch, dass man damit nicht früh genug beginnen kann und bedaure, dass ich erst jetzt damit angefangen habe.

Mir fällt auf, dass das Verhalten vieler junger Menschen zur Betäubung durch Alkohol und Drogen oder zur Ablenkung dient. Sie sind unzufrieden und auch überfordert mit der Situation, in der sie sich befinden. Sie lenken sich dann am Wochenende mit Partys ab. Ich nehme mich da nicht aus. Ich war auch gerne auf Partys. Aber ab dem Zeitpunkt, an dem man beginnt, sich mit sich selbst zu beschäftigen, rückt das in den Hintergrund und das Leben bekommt andere Perspektiven.

Das heißt ja auch nicht, dass nicht gefeiert werden darf. Aber heute feiere ich meine Erfolge und meine Entwicklung und nicht aus Gründen der Frustration.

Das bekannte Montagsgefühl „Hoffentlich ist bald wieder Wochenende!“ kenne ich nicht mehr. Dadurch hat sich auch mein Freundeskreis geändert. Viele sogenannte Partyfreunde sind weggefallen und geblieben sind die echten, wahren Freunde.

Ich bin durch mein jetziges Leben viel sensibler und empathischer geworden.

Durch meine jetzige Arbeit habe ich auch kein richtiges Wochenende im herkömmlichen Sinne mehr. Ich kann mir ja alles selbst einteilen.

Die größte Herausforderung in der Ausbildung zur OMA ist für mich immer noch mein Mindset. Ich bin zwar schon viel weiter gekommen, aber trotzdem gibt es bei mir noch viele offene Baustellen. Aber ich bleibe dran, ich arbeite weiter an mir, denn diese Arbeit wird nie aufhören.

Mein persönliches Hauptziel ist die finanzielle Unabhängigkeit. Ich will ein Sparringspartner für meine Kunden sein und so den passenden Umsatz erzielen.

Zu den wichtigsten Werten in meinem Leben gehören Ehrlichkeit, Loyalität und Respekt. Ich bin davon überzeugt, dass diese Werte für eine gute Zusammenarbeit und auch im privaten Leben eine große Rolle spielen.

Seit 2019 ging es für mich beruflich und auch privat immer mehr bergab. In diesem Jahr bin ich auch durch meine Prüfungen geflogen, ich konnte mich einfach nicht motivieren.

In der Corona Krise im Frühjahr 2020 kam es zu einem Wendepunkt in meinem Leben.

Gerade in dieser Zeit, in der immer mehr Menschen gejammert und gezweifelt haben, habe ich mich aus meiner Opferrolle befreit. Den Anfang habe ich mit mir selbst gemacht, aber dann kam Janaina mit ihrem bekannten sanften Kick.

Und dann habe ich wieder Mut bekommen und mein Leben hat sich um 180 Grad gedreht.

Ich habe meine Prüfungen nachgeholt und sie auch bestanden.

Sicher gibt es Rückschläge und Niederlagen im Leben, aber ich nehme diese als Learnings und bin sofort wieder einen Schritt weiter.

An meiner Vergangenheit würde ich mit einem Zauberstab gar nichts verändern, da die Vergangenheit das aus mir gemacht hat, was ich heute bin. Und auf die Zukunft bin ich jetzt schon gespannt. Es kommt immer darauf an, was du aus bestimmten Situationen machst, ob du weinst oder lachst.

Ich bin ein richtig positives Energiebündel, das andere Menschen inspirieren und mitreißen kann und bin daher voller Vorfreude auf das, was noch kommen wird. Diese Charaktereigenschaft macht mich einzigartig.

Ich starte meinen Tag mit einer kurzen Sporteinheit, danach nehme ich mir Zeit für mich, reflektiere, meditiere und mache meine Dankbarkeitsübungen. Im dritten Teil meiner Morgenroutine steht die Bildung im Fokus. Da lese ich beispielsweise ein Buch oder höre mir ein Hörbuch an. Danach wird gearbeitet.

Ich habe gelernt, mir meinen Tag genau einzuteilen. So erledige ich am Vormittag immer bereits den größten Teil meiner Arbeit. Danach habe ich dann Zeit für Bewegung an der frischen Luft, die bei mir nicht zu kurz kommen darf.

Am Abend wird dann noch der Plan für den nächsten Tag erstellt und am Montagmorgen plane ich grob meine nächste Woche. Die richtige Planung ist ein wichtiger Bestandteil der Selbständigkeit.

Mein Lebensmotto lautet:

**„If nothing goes right, go left!"**

Du findest mich auf LinkedIn unter Yvonne Wigger, auf Facebook unter somewavesbyyvonne und auf Instagram auf „some_waves".

www.somewaves.ch

# Das darfst du nicht verpassen

Ich weiß genau, dass es jetzt so richtig in dir kribbelt, denn wir haben deine Neugierde geweckt.

Die inspirierenden Geschichten der 15 mutigen Frauen haben dich davon überzeugt, dass dein Alter keine Rolle spielt, dass es egal ist, welchen Beruf du zurzeit ausübst oder ausgeübt hast oder in welcher familiären Situation du dich gerade befindest.

Die Ausbildung zur Online Management Assistant in der Digital Academy ist in jeder Lebenslage möglich.

Am liebsten würdest du sofort loslegen, aber plötzlich hörst du wieder Freddy im Kopf, der dir immer wieder Zweifel und Bedenken ins Ohr flüstert.

Die typischen Fragen lauten dann:

- Wo finde ich Kunden?
- Wie soll ich das finanzieren?
- Kann ich das überhaupt alles lernen?
- Mute ich mir da nicht viel zu viel zu?
- Wie funktioniert das mit der Selbständigkeit, was muss ich da beachten?
- Gibt es nicht schon zu viele VAs?
- Bin ich nicht schon zu alt dafür?
- Wie schaffe ich die Umstellung von der Festanstellung in die Selbständigkeit?
- Finde ich genügend Jobs?
- Was kann ich für meine Dienstleistungen verlangen? usw.

Ja, ja, der Freddy leistet gute Arbeit. Aber ich kann dir versichern, dass wir in der Digital Academy auf alle deine Fragen eine Antwort haben. So wirst du Schritt für Schritt, von Modul zu Modul immer sicherer und immer selbstbewusster.

Um es dir so leicht als möglich zu machen, helfen wir dir in drei einfachen Schritten, deine Ziele und Träume umzusetzen. Denn die Entscheidung für die Digital Academy ist eine Entscheidung für dich und in dich zu investieren. Und wenn ich ehrlich bin, ich kenne keine bessere Anlage, als eine Investition in sich selbst.

**Schritt 1:**

Komm in die Community und tausche dich mit vielen Gleichgesinnten aus.

https://www.facebook.com/groups/DigitalAcademyLounge

**Schritt 2:**

Buche dir ein unverbindliches Gespräch, um herauszufinden, wie du es für dich möglich machen kannst. Sehr gerne gebe ich dir auf alle deine Fragen, die dich gerade beschäftigen, Antworten.

https://janainavonmoos.com/termin-buchen/

**Schritt 3:**

Wir erklären und zeigen dir, mit welchen Dienstleistungen du sofort rausgehen kannst, und du dadurch in kürzester Zeit Kunden generierst und dein eigenes Geld verdienen kannst.

Aber auch welche Argumente dir dabei helfen, deine Traumkunden zu gewinnen und sie davon zu überzeugen, dass eine Zusammenarbeit auf Freelancer Basis viel effektiver und zielführender ist, als mit jemandem in einer Fixanstellung.

Also bleib gespannt!

Ich wünsche dir von Herzen, dass du anfängst, für dich einzustehen und deine Träume zu leben.

Vergiss nicht #eswirdriesig

Deine Janaina

### *Persönlicher Schluss-Gedanke*

Zurzeit, in dem dieses Buch entsteht, ist gerade Advent und wir stehen kurz vor Weihnachten 2020.

Genau die richtige Zeit, darüber zu reflektieren, was in diesem Jahr alles passiert ist. Es steht sicher fest, es war für uns alle ein sehr besonderes, sehr merkwürdiges Jahr. Für viele ein Jahr der Angst, Verzweiflung, Unsicherheit. Genau vor einem Jahr hatten wir geplant, die Digital Academy ins Leben zu rufen. Damals war noch nicht einmal klar, wie dieses Ding heißen würde.

Im Januar haben wir dann in Wien ein erstes Brainstorming gemacht und die wichtigsten Schritte besprochen. Und ja, damals wusste ich noch nicht einmal, wer in meinem Team mit dabei sein und mich bei dieser Vision unterstützen würde. Ich habe aber immer darauf vertraut, dass die richtigen Menschen zur richtigen Zeit kommen werden. Und siehe da, plötzlich kamen sie. An dieser Stelle möchte ich Carolin Zimprich danken, die mich zu Beginn und im Aufbau der Academy unterstützt hat. Ohne sie wären wir nie so schnell abgehoben.

Kaum waren wir bereit zu starten, kam die Verkündung: LOCK-DOWN!

Für alle von uns eine komplett neue Situation. Früher hätte ich Freddy zugehört, wenn er seine Zweifel verkündet hätte: ‚Janaina, bist du dir sicher? Konzentrier dich doch auf dein bestehendes Geschäft usw.'

Doch zum Glück habe ich ein starkes Mindset und habe nicht nur Freddy, sondern auch allen anderen Zweiflern da draußen gesagt: „Und jetzt erst recht!"

So sind wir Mitte April 2020 mit den ersten sieben OMAs gestartet. Was für ein Ritterschlag!

Damals war ich auch noch im 4. Monat schwanger und wusste ganz genau, dass das Unternehmen bis Spätsommer stehen muss und danach auch ohne mich funktionsfähig ist. Ja, du kannst mich für verrückt erklären. Das gehört zum Unternehmertum vielleicht dazu oder vielleicht bin ich auch nur für die 0815 Menschen da draußen verrückt. Warum ich das schreibe, ist keinesfalls um anzugeben, wie toll ich bin und wie riesig mein Unternehmen geworden ist, sondern es soll dir zeigen, was alles möglich ist, wenn du dich entscheidest. Für dich und für deine Träume.

Und heute im Dezember 2020 schaue ich auf mein erfolgreichstes Geschäftsjahr in über 12 Jahren Selbständigkeit zurück. Damals gestartet bin ich in der Lehman Brothers Krise, aber die war ein Klacks im Vergleich mit diesem Jahr.

In tiefster Dankbarkeit denke ich immer, was wäre aus all diesen Frauen geworden, wenn ich Freddy nicht dazu gebracht hätte, seine Klappe zu halten? Wenn ich nicht trotz allen Hindernissen und Hürden weiter gemacht hätte? Viele dieser Frauen, deren Geschichte in diesem Buch gedruckt wurde, und auch noch viele mehr, würden heute immer noch im Hamsterrad oder im normalen Alltag feststecken, der ihnen weder das adäquate Gehalt noch die Wertschätzung bringt, die sie sich wünschen.

Egal, wie die Umstände zurzeit sind, mein großer Wunsch ist, dass wir das Vertrauen in uns bestärken und immer bereit sind, neue, spannende Wege zu gehen.

***#traudicheinzigartig*** und komm in die Academy.

Wir nehmen dich an die Hand und freuen uns auf eine lichtvolle Seele mehr in unserer Gruppe, vieler Gleichgesinnter.

# Gutes tun

Wir alle haben das Glück, in einem wirtschaftlich stabilen Land zu leben. Das ist aber leider nicht überall so.

So habe ich beschlossen, für jedes verkaufte Buch €1,00 an KIVA.org zu spenden.

Bei Kiva handelt es sich um eine wohltätige Organisation, die es sich zur Aufgabe gemacht hat, Mikrokredite an Menschen zu vermitteln, die nicht in einem Wohlstandsland leben.

Durch Kiva.org kann jeder Mensch auf der ganzen Welt, und das schon ab 25 US-$, einen Mikrokredit über das Internet an ein Kleinunternehmen in einem Entwicklungsland zur Verfügung stellen.

So haben diese Menschen, die in absoluter Armut leben, eine reale Chance, eine Existenzgrundlage aufzubauen und dadurch eine wirtschaftliche aber auch soziale Besserstellung zu erreichen.

Wenn jemand durch einen Kiva-Kredit die Möglichkeit hat, sich ein Geschäft aufzubauen, schafft er automatisch auch die Chance für andere, einer regelmäßigen Arbeit nachgehen zu können und damit die Grundversorgung für seine Familie zu sichern.

Ob es sich dabei um Mikrofinanzierungen handelt oder ob durch das Darlehen Gemeinschaftsprojekte unterstützt oder auch die Kosten für die Kreditnehmer gesenkt werden, diese Organisation ist stets bemüht, die Zukunft einer Familie oder einer ganzen Gemeinschaft zu verbessern.

Die Philosophie hinter dieser Organisation ist: Bei Kiva-Krediten handelt es sich nicht nur um Geld, sondern es geht vielmehr darum, Partnerschaften von gegenseitiger Würde zu schaffen und den Menschen die Chance für ein besseres und freieres Leben zu ermöglichen, dies ist nachzulesen auf der Homepage www.kiva.org/.

Auch gibt es schon die Plattform Kiva Deutschland (www.kiva-germany.de/), wo du dich gerne noch mehr über diese wohltätige Organisation erkundigen kannst.

DAS WAHRE GLÜCK IST: GUTES ZU TUN (Sokrates)

Weitere Bücher von Janaina von Moos:

Lieber Deutschlehrer

Ein Mutmacherbuch für's Leben!

https://lieberdeutschlehrer.com/

# Links

www.janainavonmoos.ch

https://thedigitalacademy.ch/

www.thedigitalacademy.ch/raketenstart-workshop

www.facebook.com/groups/DigitalAcademyLounge

www.thedigitalacademy.ch/job-pool

https://partner.canva.com/c/2337150/878112/10068

https://finanzentdecker.de/cashflow-quadrant-robert-kiyosaki/

www.kiva.org/ und www.kiva-germany.de/

Printed in Poland
by Amazon Fulfillment
Poland Sp. z o.o., Wrocław

73877212R00106